어성호글쓰기연구소의 글쓰기 자료 공개

글쓰기의 8가지 기술

어성호글쓰기연구소의 글쓰기 자료 공개
글쓰기의 8가지 기술

초판 1쇄 발행 | 2022년 12월 15일

지은이 | 어성호
펴낸이 | 이성범
펴낸곳 | 도서출판 책미다지
교정·교열 | 박진영
표지 디자인 | 이진호
본문 디자인 | 노세린

디자인 | (주)우일미디어디지텍
인쇄 | 우일프린테크

주소 | 서울시 영등포구 양평로 30길 14, 911호(세종앤까뮤스퀘어)
전화 | (02)2277-9684~5, 070-7012-4755 / 팩스 | (02)323-9686
전자우편 | taraepub@nate.com
출판등록 | 제2012-000232호

ISBN 978-89-8250-154-8 03800

· 값은 뒤표지에 있습니다.
· 파본은 구입한 서점에서 교환해 드립니다.
· 책미다지는 도서출판 타래의 임프린트 출판사입니다.

어성호글쓰기연구소의 글쓰기 자료 공개

글쓰기의 8가지 기술

어성호 지음

도서출판 **책미다지**

 # 서문

보고만 있어도 힐링이 되는 영화가 있다. 송일곤 감독의 영화「시간의 숲」. 여기에는 애니메이션「원령공주」의 '숲'이기도 한 수령 7,200년 된 삼나무 조몬스키를 만나러 가는 여정이 담담하게 펼쳐진다. 이처럼 읽기만 하여도 힐링이 되는 그런 글을 쓰고 싶었다. 처음 읽으면 힐링이 되다 두 번 읽게 되면 글쓰기에 도움이 되고 세 번째 읽을 즈음이면 내 안에 있는 '다른 나'를 만나게 되는 그런 책.

내 안에 있는 '다른 나'를 만나기 위해 부끄러운 치부를 드러낼 수밖에 없었다. 감출 뜻은 없었지만 끄집어내야 했고 숨길 마음은 없었지만 내비쳐야 했다. 아파했던 그 지점에서 두 눈 딱 뜨고 상처와 만나야 비로소 자신을 달랠 수 있었다. 결국 지난날 상처 딱지를 다시 들쳐 내고 말았다. 울면서 화를 내기도 하고 웃으면서 괴로워하기도 하고. 그러면서 자신을 달래는 한편으로 누군가에게 조곤조곤 내 이야기를 건네고도 싶었다.

경력사원 과장으로 입사하여 해외영업을 시작으로 출발한 직장 생활. 대체로 남들이 수행하기 꺼리거나 귀찮아하는 부서 일들만 도맡아 해야 했다. 주어지니 힘들어도 무조건 해내야만 했다. 기획에서 영업까지, 의전에서 대외 마케팅까지. 급기야 경영 총괄까지 하게 되었다. 사이사이 현장에서 일하는 직원들도 부지런히 챙기려고 애썼다.

그럼에도 가끔 스스로 하는 일이 헷갈릴 때가 있었다. 일이 익숙해질 만하면 다른 일로 바뀌었고 구성원들과 손발이 맞을 만하면 부서 이동이 되었다. 한 곳에 진득하게 뿌리 깊게 일할 짬이 없었다. 맡아 하는 일에 대한 정체성이나 특성을 의심하듯 "주업무가 뭐냐?"라며 대놓고 묻는 임직원들이 더러 있었다.

지나서 생각해 보니 내게도 이유는 있었다. 늘 '배우는 자세로 임한다!'라는 겸손함을 유지하려는 생각과 '새로운 일에 끊임없이 도전한다!'라는 두 가지 생각이 공존하다 보니 그런 결과로 이어지지 않았나 짐작한다. 뼈를 묻겠다는 각오로 입사 때 다졌던 마음이 있었기에 변화하는 시간들에 전혀 마다하지 않고 20년 동안 한 직장에서 오랜 세월 견뎌낼 수 있었다.

그러던 어느 날 회사는 경영 악화를 이유로 나를 권고사직시켜야만 했다. 하루아침에 정든 직장을 떠나야 하는 나로서는 완전히 속수무책이었다. 한 집안 가장으로서 전연 무방비 상태였다. 그렇게 무일푼으로 보낸 시간이 무려 3년. 백방으로 노력하였으나 어느 하나 만만하게 이뤄지는 게 없었다. 살아내야 하는 날들은 많은데 그렇다고 맥없이 주저앉아 있을 수만은 없었다.

찾았다. 찾아야 했다. 무조건 찾아내야만 했다. 되는 게 아무 것도 없으니 할 수 있는 아무거라도 해야만 했다. 그렇게 찾아낸 하루 86,400원. 하루라는 시간에 1초라도 허투루 쓸 수 없었다. 골똘한 한 생각으로 '일'을 찾아 방바닥에 드러누워 천장을 바라보았다. 월급을 받으면 무작정 사 모아 읽어대던 책들. 책꽂이에 2중, 3중 천장까지 빼곡하게 쌓인 책더미 속에서 '내가 할 수 있는 일이 무엇일까?' 고민했다.

무엇을 할 때 가장 신나고 재미있었던가? 적어도 직장 생활만큼은 아니었다. 집에 있으면서 지난날을 되돌아보며 든 깨달음. 직장에 뼈를 묻었더라면 내 '꿈'이 묻힐 뻔했다. 사는 동안 적어도 내 꿈을 위해 한 번은 살아봐야 하지 않겠는가. 초등학교 때부터 키워 온 꿈. 대학 복학 후 인생 진로를 고민할 때도 남몰래 일궈 온 꿈. 직장에서도 놓지 않고 꾸준히 그러쥐었던 꿈. 그 꿈을 왜 여태 잊고 있었는지 불현듯 생각 하나가 불꽃처럼 스쳐 갔다.

책과 함께 내 곁에는 언제나 '글쓰기'가 있었다. 힘들고 지칠 때마다 글쓰기만 오롯이 용기를 북돋웠고 가야 할 앞길을 열어 주었다. 적어도 글쓰기만은 내게서 등 돌리지 않았다. 하루에 한 글자를 적더라도 글을 쓰지 않은 날은 없었다. 살면서 다가온 위기에서 벗어나기 위해 새삼 다시 한번 글쓰기에 나 자신을 내맡기고 싶었다. 답은 아닐지언정 '길'만이라도 찾길 갈구하면서. 쓰고 썼다. 또 썼다. 하루도 빠짐없이.

나는 글쓰기를 믿었고 이번에도 글쓰기는 내 편이 되어 주었다. 글을 쓰면서 앞으로 남은 내 인생의 살아가야 할 길을 찾았다. 예전에도 분명히 있었을 텐데 다만 나의 어리석음으로 인해 볼 수 없었던 길. 글쓰기를 하면서 다시 알아차렸다. 여태 나를 위해 살았으니 남은 시간은 남을 위해 살면 어떨까. 그 시작을 위해 살아온 날들을 그러모아 구슬 꿰듯 엮어보면 어떻겠는가.

덤덤하고 밋밋한 글. 악기로 치면 바이올린이나 플루트보다 북소리에 가까운 글. 금방 와 닿지 않더라도 시간이 지날수록 울림이 있는 글. 그러려면 글에서 장식을 빼고 고졸하고 소박하게 써야 한다. 그리

하여 글쓰기에서 거품을 빼려고 했다. 그러한들 아무려면 처음부터 생각만큼 쉽사리 방법이 찾아지지는 않았다.

　절대로 간단치 않은 시간 동안 묵묵히 격려와 응원을 해 준 수겸이 수빈이 엄마, 어머니와 사랑하는 가족들에게 이 책을 바친다.
　잘난 것 없고 내세울 것도 없어도 세상에 도움을 주고 싶다. 세상에 빚을 지고 떠나고 싶지는 않지만 '사랑' 하나는 남겨 놓고 떠나고 싶다. 삶의 가치는 얼마나 '모았느냐'가 아니라 얼마나 '뿌렸느냐'에 달렸다고 본다. 아무쪼록 내 '스토리'를 듣는 사람들의 영혼이 말끔히 치유되어 하나같이 행복해지기를 바라는 마음 간절하다.

　　　　　　　2022년 11월, 다른 나를 만나 꿈을 찾아 떠나는 어느 날
　　　　　　　　　　　　　　　　　　　　　　　　　　어성호

차례

1장 글쓰기는 여행이자 치유다 / 13

01 왜 글쓰기인가? / 15
02 가장 힘든 순간 나를 위해 글을 쓰다 / 21
03 상처 하나 없이 살아가는 사람은 없다 / 27
04 글쓰기는 치유 그 자체다 / 33
05 문제에 매달릴수록 상처는 더 깊어진다 / 39
06 때로는 혼자 글쓰기 여행을 떠나라 / 45
07 놓치고 싶지 않은 꿈을 글쓰기에 담아라 / 51
08 글쓰기는 설레는 여행이다 / 59

2장 다른 나와 만나는 글쓰기 / 65

01 인생 2막은 달라야 한다 / 67
02 글쓰기를 향한 열정이 나를 살게 했다 / 73
03 행복을 부르는 글쓰기 / 79
04 꾸미지 말고 솔직하게 써라 / 85
05 소리 내어 읽고 싶은 글을 써라 / 91
06 글쓰기로 진정한 자유를 느껴라 / 97
07 글쓰기로 잃어버린 나를 다시 만나라 / 103
08 감사의 글쓰기는 치유의 힘이 있다 / 109

3장 다른 나를 깨우는 글쓰기의 힘 / 115

01 나를 바꾸는 글쓰기의 힘 / 117
02 하루를 시작하는 새벽 글쓰기 / 123
03 살아갈 이유를 글쓰기로 찾아라 / 129
04 상상을 기록하면 꿈이 이루어진다 / 135
05 글쓰기로 인생의 빅 픽처를 그려라 / 141
06 글쓰기는 또 다른 나를 성장시킨다 / 147
07 글쓰기에서 나아가 책 쓰기에 도전하라 / 153
08 글쓰기가 최고의 스펙이다 / 159

4장 글쓰기 8가지 기술(CIA-S PGA-S) / 165

01 정보 모으기(Collecting): 긍정에 사랑 더하기 / 167
02 예민한 촉 세우기(Interesting): 상황 바꿔 생각하기 / 173
03 숙성시키기(Aging): 짧은 순간에도 생각 멈추지 않기 / 179
04 가려 뽑기(Selecting): 작은 호기심이 큰 관심을 부른다
/ 185
05 헤쳐 모으기(Patterning): 새로운 시작은 '지금'부터 / 191
06 잔가지치기(Graduating): 아픈 상처에는 아무 말 없이
안녕! / 197
07 통찰하기(Attending): 있는 그대로 온전히 공감하기 / 203
08 녹여내기(Sympathizing): 시간이 지난 후 알게 되는 일들
/ 209

5장 글쓰기가 답이다 / 215

01 글쓰기가 답이다 / 217
02 행복하려면 당장 글쓰기부터 하라 / 223
03 쓰는 대로 이루어지는 비전 글쓰기 / 229
04 아픈 인생일수록 글쓰기로 치유하라 / 235
05 글쓰기 습관이 인생을 바꾼다 / 241
06 글쓰기는 자신과 소통하는 수단 / 247
07 글쓰기는 나를 찾아가는 과정 / 253
08 글쓰기로 정년퇴직이 없는 삶을 살아라 / 259

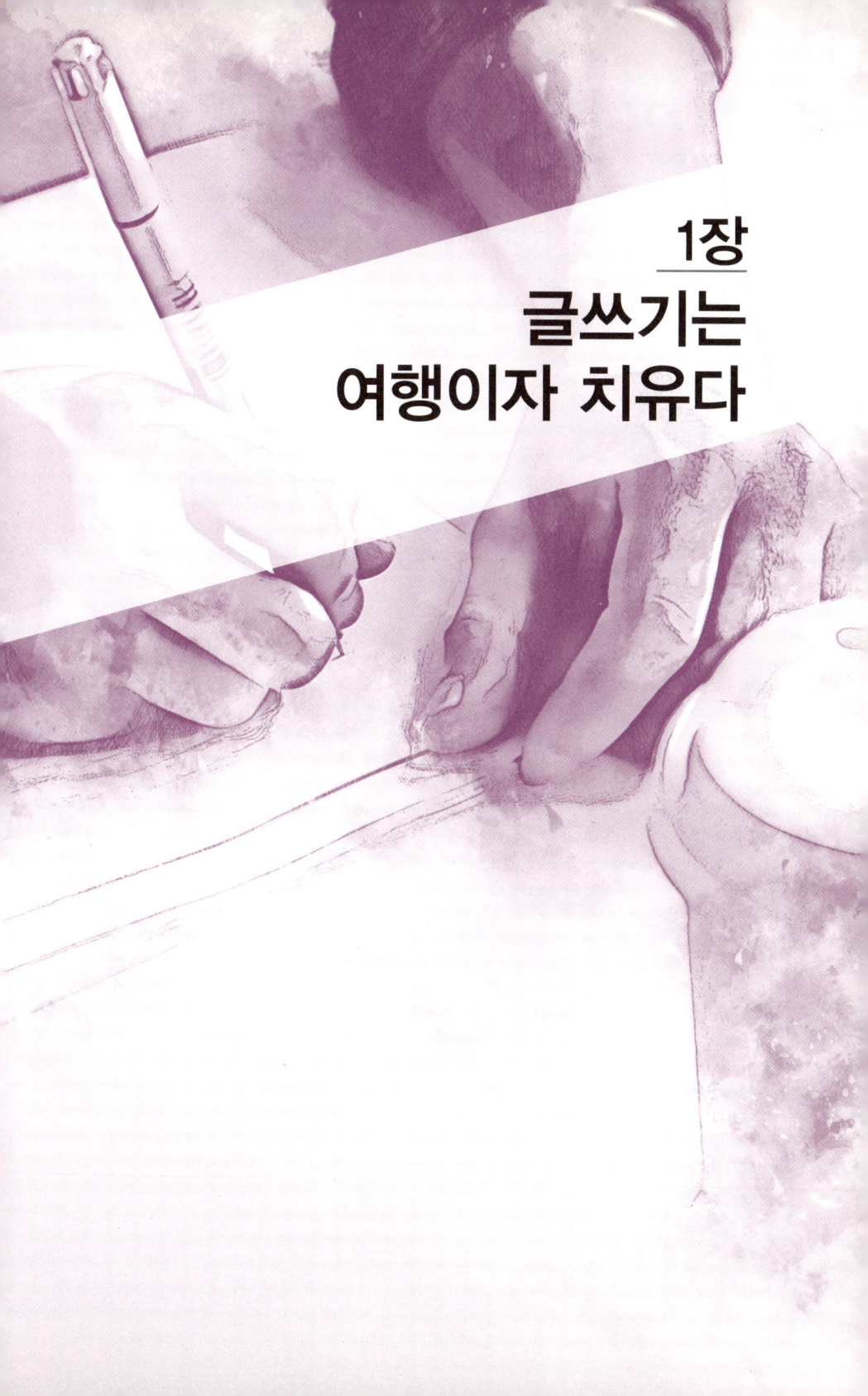

1장
글쓰기는 여행이자 치유다

01 / 왜 글쓰기인가?

"어 이사, 회사 생활 몇 년차인가?"
"20년입니다."
"이쯤에서 그만 정리해 줬으면 해."
"그 말씀은……?"

사직. 회사 대표가 지금 내게 사직을 권고했다. 묻지 말고 따지지 말고 곧바로 회사를 떠나 달라 종용했다. 내 나이 40대 중반. 그것도 경영이사인 나에게. '한창 일할 나이'인 건 알겠는데 말하는 표정으로 봐서는 '대충 알아서 잘 살아가고!'라는 낯빛이 역력했다.

"임원이 먼저 떠나 줘. 퇴사일은 지난달 말일부로 소급 적용해야겠어."

표면적으로 어떤 형식이 되었든 20년 가까이 한 직장에서 일했다는 상징조차 큰 의미를 두지 못하고 나와야만 하는 일이 벌어졌다. 흔한 남의 일이라 생각하였지 내 일만은 아니길 바랐다. 막상 현실이 되고 보니 남 일 아닌 내 일이었다. 뜬 눈으로 멍하니 '당한' 꼴이었다. 물을 일도 따질 계제도 아니다.

우리나라에서 가장 큰 종합상황실 프로젝트를 수주할 때부터 꺼림칙한 느낌은 있었다. 하면 된다 안 된다 임원회의에서조차 의견이 엇갈렸지만 상반기 결산 결과 매출 실적이 연간 매출 목표에 턱없이 부족했다. 앞뒤 잴 수 없이 밀어붙여야만 했다. 무조건 '먹어야' 한다는 오더가 영업이사에게 하달되었고 어떻게든 수주해야 한다는 분위기가 전사에 퍼져 있었다.

원하는 일만 할 수 있는 곳이 회사는 아니다. 조직이 시키면 싫어도 따르는 수밖에 도리가 없다. "말려 주시면 안 되나요?" 애걸형에서부터 "그럼 전 관두겠습니다." 반협박성까지 직원들 반응은 다양했다. 그럼에도 어르고 달래어 직원들을 전남 나주 공사 현장으로 발길을 향하게 했다. 몇 주가 될지 몇 달이 갈지 정해진 공기 내에 작업 완료나 제대로 이루어질지 모든 게 미지수였다.

긴장하는 마음으로 공구 가방 하나라도 철저히 챙겼다. 시작은 괜찮았다. 공정표대로 착착 잘 진행한다는 보고가 계속 올라왔다. 그렇게 몇 주가 지났다. 작업 일정에 맞춰 잘 진행되는가 싶더니 1차 현장 체크도 받기 전에 상황실에 설치한 스크린이 주저앉는 현상이 발생했다. 첫 구두보고 받았을 때 당황하기는 현장 직원도 내근 임직원도 마찬가지였다. 상황이 상황이니만큼 빠른 수습을 위해 협력사 엔지니어들을 총동원하여 현장에 투입했다. 상황이 급박해 견적 오는 대로 100% 현금 지불 조건을 지켜야 했다.

규모가 워낙 큰지라 자금 관리를 맡은 나로서는 하루하루 피 말리는 상황으로 급변했다. 급한 불이라도 끄겠다 덤볐다 발등 불은 잡히지 않고 자금 상황만 나날이 나빠졌다. 주거래 은행 여신(금융기관에서 고객에게 돈을 빌려주는 일) 한도도 차고 대표이사가 긴급 외부 자금을 수혈했지만 현장은 전혀 회복 기미가 보이지 않았다.

불길한 느낌은 그대로 맞아떨어졌다. 현장과 서울 사무실을 오가며 애썼지만 혼자 힘으로는 당할 재간이 없었다. 동원할 수 있는 자금력은 바닥이 드러났고 '해 보자!'는 의욕마저 이미 상실된 지 오래였다. 회사 돌아가는 사정을 잘 알고 있는 나로서는 어디에 뭐라고 해명할 방법도 찾지 못했다. 답답하고 억울한 심정뿐이었다.

"회사에서 그만두래. 월요일 가서 짐 싸야 돼."
"당신은 이럴 줄 알았잖아! 이건 권고가 아니라 일방 통보잖아!"

위로한답시고 덩달아 화를 내는 아내에게 할 말이 없었다. 두 아이를 둔 한 집안 가장으로 평온하게 살아왔는데 아무런 대책도 없이 졸지에 낙동강 오리알 신세가 되었다. 입사 시절 뼈를 묻겠다는 각오로 다짐했던 각오가 한순간에 물거품처럼 사라지는 순간이었다. 호시절은 그렇게 잡을 틈도 없이 지나가 버렸다.

알뜰살뜰 직장에서 지금까지 가꿔 온 터전은 어디로 갔는가. 아무렇게 내동댕이쳐질 만큼 호락호락 살아오지 않았건만 이게 뭐란 말인가. 겨우 이 꼴 보자고 지난 시간을 악착같이 달려오지는 않았잖은가. 당장 살아나갈 방도를 찾지 못했다. 진창에 빠져 오도 가도 못 하는 처지. 딱 그 꼴이었다.

그 어떤 무엇으로도 위안이 되지 않았다. 아무것도 소용없었다. 막막했다. 분노가 치밀어 오르는데 분출할 곳이 없었다. 기가 차고 어이가 없는데 하소연할 데가 없었다. 나이가 몇이며 결혼까지 한 가장인데 어른들에게 알릴 수도 없었다. 집 밖으로 나가는 게 싫었고 누가 알아볼까 겁났다. 집 안에서조차 숨죽여 가만가만 지냈다.

"바보다. 참 바보다. 너무 못났다. 어리석어도 너무 어리석다. 잘못 살아오지 않았는데 왜 남을 그렇게 의식해요? 당신 이 정도밖에 안 되는 사람이었어?"

보다 못한 아내가 너무 답답했는지 한마디 했다. 잠시 있다 보면 금세 새 직장 구할 줄 알았다. 3개월 길어야 6개월. 엉길 데도 믿을 데도 없으면서 다짜고짜 처음부터 큰소리치듯 다짐해 두었다. 체면이 자존심인 줄 여기며 살아온 지난날 태도가 하루아침에 바뀔 리 만무하다. 노는 방법을 모르니 어디 갈 줄도 모른다. 집에서만 궁싯거리며 헛기침하듯 보낸 시간이 어느새 일 년을 넘어서고 있었다.

"아빠, 넬슨 만델라는 교도소에 있으면서 책 읽고 글 썼대요."

이대로는 안 된다. 무엇을 할 수 있을까. 무엇을 해야만 이 난국을 헤쳐 갈까. 답을 못 찾고 끙끙대던 어느 날 둘째아이가 책 읽다 말고 불쑥 이렇게 말했다. 참으로 묘했다. 얘기 듣는 순간 마치 어두운 지하 창고에서 힘겹게 뚫고 들어오는 한 줄기 빛을 만난 기분이 선뜻 스쳐갔다. 여태 이 생각을 왜 하지 않았던 걸까? 무엇이라도 되지 않으니 아무것이라도 하면 되지 않을까.

쓰자. 무조건 적어 보자. 안 된다고만 하지 말고 무엇이 나를 힘겹게 했는지 따져 물어보자. 유일하게 할 줄 아는 게 글 쓰는 일 아니었나. 욕하든 비난하든 써 보자. 이제는 떠나온 곳 아닌가. 물릴 수도 되돌릴 수도 없는 시간을 가슴 속에 쟁여두지 말고 끄집어내 보자. 내가 잘못한 건지 세상이 나를 버린 건지 삭이지만 말고 끄집어내 보자. 할 말이 바닥을 내보일 때까지 써 보자. 가슴 한복판 응어리를 풀어내고 쏟아내다 보면 그나마 속은 좀 뚫리지 않을까.

원풀이 한풀이하듯 거침없이 써댔다. 욕 한 번 하지 않고 살아왔건만 보는 이 없으니 마구잡이로 토해냈다. 쓰다 보면 해결책 나오겠지. 까짓것 나오지 않아도 그만이다. 마주 앉아 대화할 사람 없으니 노트가 말벗이었다. 면박 주고 괴롭힐 이 따로 없으니 애꿎은 볼펜만 내 지청구를 다 받아쓰고 있었다. 허여멀건 속울음이 눈물 대신 검은 잉크로 변해 연일 흰 공책을 메워나가고 있었다.

화가 났으니 화난다고 썼다. 분이 풀리지 않으니 분통 터진다 썼다. 마음대로 되지 않으니 속상하다 썼다. 이러는 내가 미우니 밉다고도 썼다. 몇 날 며칠을 그러고 나니 펼쳐진 공책 갈피로 나도 모르게 두 눈에 삐쳐 흐르던 무언가가 비집고 들었다. 툭툭 한두 방울 흐르던 눈물이 샘 줄기 터진 마냥 걷잡을 수 없을 정도가 되어 그날은 기어이 설움이 복받쳐 오르고 말았다.

쓰면서 알았다. 글을 쓴다는 자체가 묵은 감정들을 수시로 건드리기 마련이라는 사실을. 글을 쓰다 보니 울화통이 치민다. 마구 화가 폭발했다. 눈물 나는 건 말할 일도 아니다. 화가 치받아 오른다. 그러면 또 어떤가. 괜찮다. 그럼에도 불구하고 괜찮다. 물 위가 맑다 하여 바닥까지 맑다 할 수는 없지 않은가. 겉으로 아닌 척하지만 속은 타들어 가는데. 모름지기 오래 몸속에 갇혀 있던 앙금과 찌꺼기들을 걷어내야 비로소 몸이 깨끗해지는 경험을 하게 된다. 적어도 나에게는 글쓰기가 그 역할을 톡톡히 수행해 낸 셈이다.

억울하고 답답한 사연. 할 말들이 너무나도 갑갑하여 글을 썼다. 말은 허공에 흩어지지만 글은 기록의 흔적으로 남는다. 어느새 내가 남겨둔 볼품없는 기록들이 점차 '나'를 어루만지고 있음을 보았다. 그렇게 글을 쓰는 날들이 지나면서 조금씩 나의 내면은 치유되기 시작했다. 직장 잃고 집에 있는 동안 글쓰기가 있어 나는 다시 살아날 수 있었다. 글을 써서 치유되었고 이는 삶에 대한 또 다른 용기를 불러일으켰다.

02 / 가장 힘든 순간 나를 위해 글을 쓰다

"한 달 새 뭔 일 있었어요? 얼굴에 살이 쏙 빠지셨어!"
"그래 보입니까? 뭐 별일은 없었는데요."
"그래요? 이래 봬도 내 눈은 정확합니데이!"

 없는 게 아니라 '별일' 있었다. 직장 사직을 한 뒤 아이들과 머리하러 간 날. 헤어숍 원장은 정확하게 내 근황을 꿰뚫어 봤다. 사직한 사실만큼은 세상 아무도 모르게 하고 싶었다. 뭐 좋은 일이라고 나만 입 다물면 될 일이었다. 티 안 내면 표 안 날 거라 믿었다. 딱 들켜 버리자 순간 둘러댔다. 그땐 그랬는데 내심 찜찜했다. 뭐든 숨기면 잠시 편하긴 하지만 영 개운치만은 않다.
 치부가 드러나는 순간 제일 아리다. 가리고 싶은 맨살이 겉으로 드러날 때 얼굴을 제일 가리고 싶다. 부끄러워할 일은 아니라지만 구태여 드러낼 만도 아닌 일. 사직한 사실이 죄는 아니지만 살아오면서 처음 겪는 일이기에 아직도 주변 낯을 가리고 있었나 보다. 어떤 일은 알아봐 줬으면 싶지만 어떤 일은 모르는 척해 줬으면 싶다. 마냥 대놓고 좋아할 수만 없는 일이라든가 나만 겪겠거니 하는 생각에 사로잡힐

때 흔히 그렇다.

남에게 부탁하거나 아쉬운 소리 한 번 않고 살아온 듯하다. 다른 사람 부탁은 잘 들어주면서 정작 자신에게는 왜 그렇게 못되고 쌀쌀맞게 굴었는지 모르겠다. '자기 단속'이 철저하고 '자기 감시'가 왜 그렇게 엄격했는지 모를 일이다. 남들에게는 털털하게 비치기 바라면서 자신을 향해서는 규율과 통제의 기준을 수시로 들이댔다. 겉과 속이 일치하지 않고 앞뒤가 맞지 않는 이중 잣대. 그 잣대를 버리지 못하고 계속 들이댐으로써 자신을 속박하고 있었다. 나를 편안하게 하기보다 남을 편안하게 하려 하고 나를 돌보기보다 남 먼저 돌보려 애쓰고. 내 눈치보다 남 눈치 먼저 살피고. 나를 경계하는 대신 남을 먼저 배려했다.

"어 이사, 회사 막판까지 있을 생각 말고 어여 독립해!"
"직원들 놔두고 어떻게 저 혼자 그럽니까?"
"어 이사는 그 성격이 문제야. 처음 겪어 보나?"

나를 잘 아는 거래처 사장님은 예전에 이렇게 충고했다. 술자리에서 들려준 이야기는 진심 어린 조언이었다. 먼저 경험했기에 일러주는 특급 충고였다. 회사로부터 사직 통보받고 보니 새삼 그분 말씀이 유성처럼 뒷덜미를 훑고 지나갔다. 직접 감당해 봤으니 더욱 절실하게 알려 주고 싶었을 테다. 내가 겪어 왔던 일들을 다 알고 있는 분 말이라 더 와 닿았다. 창업과 폐업, 인수합병, 기업 공개, 자회사 설립과 같은 일련의 기업 행태를 수시로 의논했던 분이었다.

그분 말대로 따랐으면 좀 나아졌으려나. 다른 직장을 찾아 떠났더라면 사직당하지 않아도 되고 새로운 사람 만나 잘 적응하고 정착했을까. 어차피 내 회사도 아니고 떠나면 그만인데 누군가는 남아서 뒷수

습하겠지. 오지랖 넓게 내가 왜 남은 사람들까지 챙기려 했으며 맡지도 않은 일 걱정했을까. 부품 재고 걱정은 왜 하며 A/S 콜 걱정, 클레임 요청은 왜 신경 쓰고 있었을까. 마치 나 아니면 아무도 못 할 것처럼 말이다. 나 하나 미적거린다고 자금 문제, 제조사와 딜러십 문제, 기업 대출자금 이자 상환 문제같이 산적한 골칫거리들 다 처리도 못 할 거면서.

떠나왔으면서 아직도 옛 직장에 생각이 머물러 있었다. 갈 일도 없으면서 여전히 출근하는 줄 착각하며 옛 사무실에 마음이 머물렀다 왔다. 누르지도 않을 거면서 휴대전화 숫자판을 매일 만지작거렸다. 연락 오는 사람도 없는데 괜히 휴대전화 곁을 떠나지 않았다. 고통을 나누면 반이 된다고 들었는데 막상 내 고통을 이야기하자니 들어줄 사람이 있을까 지레 겁부터 났다. 두문불출 칩거하는 시간만 기약 없이 늘어갔다.

날이 갈수록 분을 삭이지 못하고 평정심을 잃어 갔다. 괜히 애꿎은 가족들에게 화내고 짜증 부렸다. 가장 가까이에 있는 가족들이 제일 만만했나 보다. 나로 인해 생긴 일을 남에게는 분풀이 못 하면서 엉뚱한 곳을 향해 속을 풀고 있었다. 평소 좀체 언성을 높이지 않았는데 아내나 애들이 놀라는 기색이 역력했다. 마음대로 되지 않으니 제멋대로 분풀이하듯 내지르는 희한한 광경이 벌어졌다. 나 때문에 집안 분위기가 폐지처럼 접히고 구겨졌다.

이러는 내가 미웠다. 한없이 미웠다. 이렇게 살지 않았는데 왜 이렇게 살아가나. 살려 해도 시원찮을 판에 어쩌자고 집안 분위기를 망가뜨려 놓는가. 누구 문제인가. 실직하게 만든 직장이 문제인가. 만날 일 없는 옛 동료들이 문제인가. 아니면 나를 바라보고 있는 식구들을 원망함인가. 한 번도 보이지 않던 성격이 왜 이런 상황에서 불거지는

가. 감춰진 모습인가 아니면 작정하고 오래 숨겨둔 모습인가.

벗어나고 싶은데 갇혀 있다 여겼다. 떠나고 싶은데 잡혀 있다 생각했다. 붙잡지 않는데 매달려 있다고 간주했다. 악몽이라고만 생각하면서 발 빠르게 움직이지 않았다. 지나가겠지 생각하며 제대로 애쓰지 않았다. 생각만 했지 넋 놓고 지냈다. 스스로 돌보지 않으면서 어린아이처럼 돌봐줄 거라 떼쓰고 있었다. 이러면 안 되는데 꽁하게 닫힌 마음을 열어젖히지 못했다.

그렇게 얼마를 지나 정신을 가다듬고 책상 앞에 앉았다. 뭐라 할 사람도 건드릴 사람도 없는 오로지 나 혼자다. 차분하게 제정신을 차릴 만 하자 답답한 대로 백지부터 집어 들었다. 볼멘소리만 해대면 누구라도 듣기 싫어한다. 징징대는 소리만 계속하면 누구나 고개 돌리고 만다. 이런 소리 저런 소리 들을 사람 볼 사람 없으니 나는 무작정 쓰고 싶었다. 끝 간 데 없이 그냥 써대고 싶었다. 회사가 나를 이렇게 만든 게 아니라 그런 상황에 '내'가 있었으므로 이리 되었다. 그런 상황에서도 모두 자리 잡고 사는데 살아갈 생각은 않고 여전히 살 방도를 못 찾고 있는 '내'가 문제였다. 문제 풀 생각은 않고 문제 앞에 피할 궁리만 했는지도 모른다.

혼자 있는 시간이 길어질수록 글을 썼다. 그저 나를 향해 쓰고 싶었다. 무엇 하나 뜻대로 되는 일 없으니 더더욱 글을 써나갔다. 글에 기대어 무엇을 구했다기보다 글이라도 쓰지 않으면 답답한 마음을 가다듬기 어려웠을 일이다. 운다고 달라지는 건 없다. 원망한다고 바뀌는 일도 없다. 달라지기 전에 나 자신을 달래고 싶었다. 다그치기 전에 어르고 싶었다. 윽박지르기 전에 위로해 주고 싶었다.

왜 상처받았다고만 생각하는가. 왜 혼자 아프다고만 여기는가. 그렇게 해서 원망을 쌓는다면 그 원망은 결국 어디를 향하겠는가. 해결하려면 풀어야 한다. 나 자신을 옭아맨 매듭을 풀고 악순환의 고리를 끊어야 한다. 최고는 아니지만 최선은 다해야 옳지 않겠는가.

 속앓이 삭이지 못해 속병 생길 듯해 시작한 글쓰기였다. 마음속 옹알이 되새김질하듯 손 가는 대로 쓰기 시작한 글쓰기였다. 참기만 한다고 능사는 아니기에 농 진 고름 짜듯 서두르지 않고 차분하게 나 자신을 진정시켜 나갔다. 막히면 기다려주고 답답해하면 참아주었다. 재촉하는 이 없으니 느긋하게 썼고 평가하는 이 없으니 이 눈치 저 눈치 안 보고 썼다.

 아프면 아픈 대로 웃으면 웃는 대로 울면 우는 대로. 이 세상 어떤 누구도 나와 똑같은 삶을 살지는 않는다. 왜 나를 찾지 않고 그들 사는 모습에만 맞춰 살아가려 했던가. 뜻하지 않게 길이 어긋나고 돌아가는 길이어도 낙담하지 않으면 다시 꿈을 되찾을 수 있다. 오늘 느끼는 이 아픈 경험을 아프게만 내버려 두지 말라 이른다. 버리면 상처가 되지만 안으면 꿈이 된다 말하는 듯하다. 꿈을 찾아 내가 바뀌는 순간. 이 순간을 마련하기 위해 지금까지 그렇게 아픈 시간을 보냈는가 보다.
 웃을 일 없으면 웃을 연습부터 하면 된다. 화낼 일 많으면 화풀이 연습부터 하면 된다. 찰랑이는 잔 위에 화를 얹으면 화가 흐를 테고 웃음을 담으면 웃음이 넘칠 테다. 알게 모르게 글을 쓰면서 내 마음이 조금씩 제 온도를 찾게 되자 이제 '웃어도 돼!' 여유를 갖게 되었다. 이것이 사는 동안 가장 힘든 시기에 글쓰기가 내게 선사한 명품 선물이다. 가슴 한편에 오래 묻어두었던 해묵은 나의 바람이 세월을 밀치고 오르는 듯하다.

03 / 상처 하나 없이 살아가는 사람은 없다

"유망 중소기업인데 대표가 한 번 만나 보재. 그런데 집에서 멀고 연봉과 직위도 예전 같진 못할 거야."
"그게 뭐 대수겠어. 하면 되겠지!"

 사직한 지 정확히 2년 만에 드디어 새 직장을 찾게 되었다. 낯선 지역 낯선 사람들과 새로 부대껴야 한다는 게 마냥 즐거울 수만은 없겠지만 가족과 주변 사람들에게 이보다 더 안심되는 소식이 어디 있겠는가. 잘못 하나 없는 아이들이 아빠 때문에 학원 등록을 못 하게 되었을 땐 피가 거꾸로 솟는 듯했다. 무엇보다 가장 시급한 문제를 해결할 수 있는 탈출구가 이제 보이는 듯했다.
 한 다리 건너 건너 오랜 친구 소개 덕분에 경력사원으로 입사하게 되었다. 이 방법 저 방법으로 난국을 뚫고자 애쓰며 지인과 선후배들을 쫓아다니며 무수히 부탁했다. 다들 제 앞길 챙기기에도 바쁠 텐데 친구가 백방으로 나를 '구제'하기 위해 애쓴 결과 어두운 터널을 벗어날 수 있는 계기가 마련되었다.
 경력사원은 주종목을 가리지 않는다. 설령 종목이 달라도 새로운 용어들만 익히면 하는 일은 뻔하다. 회사가 달라도 일은 거기서 거기다. 직원이 달라도 사람은 다 똑같은 사람이다. 정 주지 않으면 정 내면 될 일이고 굴러들어온 돌이지만 모나지 않게 굴면 적응할 듯했다. 예전 직장 회장님 또한 "너는 다른 사람이 갖지 못한 특유의 친화력이 있어."라고 말했으므로 사람들과 어울리는 정도야 문제도 아니라 믿었다.

경력사원은 자리와 돈에 연연하지 않는다. 누릴 거 다 누리고 가질 거 다 가지겠다 하면 이도 저도 안 된다. 죽 가리고 밥 가리면 배를 덜 곯았다는 이야기다. 실력을 보이면 직책은 주어질 테고 능력을 보이면 연봉이야 알아서 올라가겠지. 영업에서 의전, 기획에서 관리까지 웬만한 일은 다 해 봤으므로 그런 욕심쯤이야 던져놓고 생활한 지는 이미 오래되었다. 분당에서 평택까지 운전해 왕복 100킬로미터. 새벽 4시부터 일어나 출근길을 재촉했다. 여기까지 어떻게 왔는데 한 발짝도 여기서 물러설 수 없다. 내 아는 모든 걸 쏟으리라. 보란 듯이 이뤄 보이리라. 2년 동안 그저 놀지 않았음을 결과로 입증하리라. 결심만은 단단하게 세워졌다.

의지와 생각만으로 회사생활 하는 건 아니라는 것쯤이야 익히 알지만 막상 새로 시작한 회사생활이 기대만치 녹록하지만은 않았다. 여태 해 오던 종합상황실 업무와는 전혀 다른 분야인 자동차 관련 일이 쉽게 한 손에 들어오지 않았다. 뜻밖에 힘겨운 하루하루를 보내고 있을 줄은 몰랐다. 오늘 하루도 무사히 지나갔음에 안도하며 7개월째 되었을 즈음이었다. 매달 열리는 주간 회의 시간에 팀장들이 모여 있는 앞에서 나는 보기 좋게 깨졌다.

"어 팀장, 내가 그 보고 받자고 여기 있는 줄 알아? 그만큼 시간 줬으면 충분하다 생각해. 최우수 사원들을 뽑아 줬는데 하나같이 전부 흐리멍덩해졌어!"

타이밍 상 그리 될 거라 '조심하라!' 누군가 일러주기도 했다. 향후 회사의 사활이 걸린 중책을 맡고 시작한 프로젝트였다. 회사보다 사람, 사람보다 일을 먼저 보고 출발했지만 의욕만 갖고 일이 완성되지는 않는가 보다. 어느 때부터인지 느껴지는 중압감과 더불어 잘 맞지 않는다는 무기력감이 자꾸만 나를 조이기 시작했다. 소통이 매끄럽지 않고 겉도는 듯 인터페이스가 먹히지 않고 내쳐지는 듯 소외감과 고립감이 끝없이 밀려들고 있었다.

맞추려 애쓰면 애쓸수록 이러다간 '제명에 못 살겠다'라는 비명이 허구한 날 숨통을 쥐어짜고 있었다. 주간 회의가 있는 하루 전날까지 아내는 아이들을 봐서라도 잘 참으라고 당부했다.

"조직이 원하는 대로 맞춰야 한다는 건 당신도 잘 알잖아요."

그만둘 거면 미리 자리 알아 놓으라며 아내는 엄포를 놓았고 같은 일 두 번 당하지 않도록 알아서 처신하라 으름장을 놓았다. 피하지도 비켜서지도 못할 궁지로 어느새 나는 또다시 밀리게 되었다.

"떠나겠습니다. 조직이 우선이고 조직은 개인에 끌려가면 안 됩니다."
"그렇게 이해해 줘서 고맙네."
"제가 가장 속상한 부분은 대표님께 인정을 못 받았다는 겁니다."
"법 없이도 살 사람인데 나도 마음만 급했지. 미안하네. 다 잊어주시게."

재입사 8개월 만에 이번에는 난생 처음 제 발로 회사를 떠나왔다. 짧은 기간 동안 많은 직원들이 회사를 이탈했다. 그런 모습에 휘둘릴 내가 아니다. 능력 안 되는 사람이 능력을 보이지 못하니 스스로 물러날 수밖에. 조직에서는 눈치가 빨라야 산다. 애당초 '색깔을 드러내지 말자!' 다짐한 게 화근이었는지도 모른다. 임원들로부터 "어 팀장은 왜 색깔이 없어요?" 말을 듣고 보니 할 말을 잃게 되었다. 보일 수도 비칠 수도 없는 속내를 어떻게 다 드러내고 산단 말인가, 중도 입사자가.

"팀장님 같은 분은 살면서 처음 만나 봤습니다. 떠나도 오래 기억에 남을 듯합니다."

팀원들이 내게 건넨 말이 진심이란 걸 안다. 주차장을 벗어나는 마지막까지 못난 팀장을 배웅하는 사이 백미러로 보이는 팀원들의 뒷모습은 또 다른 의미로 교차한다. 회사와는 별개로 나는 팀원들에게, 팀원들은 나에게 적어도 8개월간 아픔을 같이 나눈 '우리들'이었다.

3년 전 직장을 떠나오게 되었을 적엔 그냥 아픔이었다. 내 의도와는 상관없이 벌어진 일. 혼자 힘으로 수습할 수 없는 난관. 바로 그런 모든 상황을 고스란히 정면으로 받아들여야만 했다. 두 번째 회사를 그만두게 되었을 땐 차라리 상처였다. 사직을 말하는 마지막 순간까지 나를 소개했던 사람들이 계속 눈앞에 어른거렸다. 이로 인해 어쩌면 내가 살아가는 동안 조직 생활은 마지막이 될지도 모른다는 생각이 밀려왔다.

누군가에게 인정받지 못했다는 자괴감. 인정받지 않아도 되는데 무시당하지 않으려는 불필요한 자존심. 다 그러지 않아도 되는데 모두 나와 친해야 한다는 이기심. 나 자신을 무시하지 말자 하면서도 자꾸만 깎아내리려 하고. 잘난 면도 없으면서 여전히 남들이 알아봐 주기를 바라고. 이런 나의 마음이 하루에도 몇 번씩 불쑥불쑥 머리채를 끌어당겼다. 그만한 경력을 가졌으면서 그것 하나 딱딱 맞춰주지 못했는가. 코드가 맞지 않아서였다고 한다면 어설픈 변명이라 책망하지 않을까.

충분히 아파했으므로 이제는 괜찮을 줄 알았다. 내 입으로 그만둔다 했으므로 내 책임이다 여겼으므로 아무렇지 않을 줄 여겼다. 아니었다. 오히려 이번 일이 더 아팠다. 충분히 할 수 있음에도 제대로 애써 본 게 맞는지 반문하면서 자책이 깊어졌다. 경솔하지는 않았는지 외통수만 두지는 않았는지 불필요한 지난날을 복기하고 있었다.

그러던 어느 날 내가 내게 물었다.

"그때로 돌아간다면 다른 방법을 쓰고 다르게 행동하겠는가?"

그러자 내 안에서 곧바로 대답이 나왔다.

"아니. 나는 다른 방법을 갖고 있지 않다!"

됐다. 그러면 됐다. 다른 방법이 없다는 건 그 당시로서는 최선을 다했다는 말이다. 소통과 인터페이싱은 상대와 교감이 있어야 이루어지는데 왜 혼자서 용쓰고 혼자서 다 할 듯 구는가. 서로 선택이 맞을지 안 맞을지는 부닥쳐봐야 안다. 부딪쳤는데 '통하지' 않으면 다른 '통하는' 걸 만나면 된다. 일이든 사람이든 떠났으면 돌아보지 마라.

지났으면 돌아가지 마라. 과거는 반성으로 충분하고 현재는 다짐으로 충분하다.

쓰고 쓰다 보니 나 자신에게 이렇게 글을 쓰고 있는 자신을 보았다. 예전에 나는 이름 없는 풀, 잡초라 생각했다. 글을 쓰면서 지난날을 뒤돌아보니 잡초는 아직 쓰임새를 찾지 못한 풀이라는 사실을 깨달았다. 잡초라 하더라도 '어떻게 태어났으며 어떻게 살아가야 하는지'를 지금에 와서 깨닫게 되었다. 하필 지금에 와서 굳이 어려운 시간이 주어진 이유는 미처 깨닫지 못한 자신의 못난 점을 바로잡으라는 가르침으로 받아들이게 되었다.

내색하지 않을 뿐 괜한 나이 탓으로 돌리며 애써 잊고자 한다. 잊는다 하면서도 맴도는 기억들과 잊으리 하면서도 추억하는 순간들. 글을 쓰면서 그 모두를 내면에서 달래고자 한다. 더 큰 상처를 떠안게 되었지만 전처럼 회복하는 시간이 그리 오래 걸리지는 않을 듯하다. 글쓰기가 나를 치유하는 힘이 그만큼 깊어졌기 때문이다. 글쓰기 덕분에 회복 탄력성이 높아졌다. 상처에 대한 면역력도 커졌다. 상처를 쓰면서 글쓰기를 보면서. 글을 쓰다 보면 상처는 변형된 축복이라는 사실을 깨닫게 된다.

04 / 글쓰기는 치유 그 자체다

얼마 전 지인과 만나 대화하던 중 이런 이야기를 듣게 되었다. 어느 호주 사람이 우리나라에 와서 개나리를 보고 너무 예뻐서 호주에 가서 심어 볼 생각을 했다고 한다. 모여 있을수록 더욱 아름다운 개나리에 반했던 모양이다. 봄볕을 닮은 노란 모습을 가까이에서 보고 싶어 묘목을 구해 호주에 가서 심었다 한다.

그 후 개나리가 피긴 피었는데 꽃이 피어나지 않았단다. 아무리 생각해도 그 이유를 알 수 없어 수소문한 끝에 마침내 실마리를 찾았다. 결정적 이유는 '겨울을 건너뛰었기' 때문이었다. 한국에서 핀 개나리는 추운 겨울을 보내고 봄에 피어나지만 호주에는 한국만큼 추운 겨울이 없었기 때문이란다.

봄 여름 지나 가을 겨울이 되면 나이테는 원 하나를 그린다. 겨울 하나만 없어도 나이테는 그려지지 않는다. 고통이야 피하고 싶은 게 인간 심리다. 나는 지금 이 상황을 벗어나려 하는가 피하려 하는가. 맞부딪쳐 뚫고 나아가려는가 돌아 돌아 우회하려는가. 지금까지 살아온 날들을 차분히 되돌아봤다. 상처를 입고 아프다 쪼그리고만 있었는지 상처를 딛고 진정한 나로 거듭나려 했는지.

회사에서 나온 지 3년 동안 최선의 노력을 다했지만 다시 무직 상태가 되었다. 혹독한 세 번의 겨울을 났지만 아직 따뜻한 봄빛을 누리지 못하고 있다. 이대로 어쩔 텐가. 생각이 밥을 벌어주진 않는다. 뭐든 손에 잡히는 대로 해야만 했다. 되는 일만 찾으려 말고 안 되는 일도 해내면 아예 안 하느니보다는 낫겠지. 그런 생각만으로 힘겹게 친구에게 부탁했다. 뭐라도 하게 도와 달라고. 지나온 나를 잊어야 다가올 나를 맞이할 수 있다. 살다 한 번은 바닥도 기어봐야 하늘 높은 줄 안다. 밀쳐내지만 말고 품어 보고 안아 보자.

"회사 다시 나오게 됐어."
"너무 걱정 마. 잘 되겠지."
"나 돈 벌어야 돼. 같이 좀 하자."
"해 볼 수 있겠어?"

세 아이의 가장인 또 다른 친구 역시 한때는 벌이가 꽤 괜찮은 일을 했다. 자세한 우여곡절까지야 모르지만 지금은 전국을 다니며 손에 잡히는 대로 일을 한다 했다. 그 일이 무엇이 되었든 합류하고 싶었다. 일이 중요한 게 아니라 돈을 벌어야 했다. 짧은 몇 개월이었지만 겨우 애들 학원을 보낼 수 있었는데 여기서 다시 애들을 괴롭힐 수는 없는 노릇이었다. 친구가 권유한 일은 다름 아닌 막노동이었다. 작은 체구인 내가 잘 해낼 수 있을지 친구는 그걸 걱정하는 눈치였다. 한 번도 해 본 적 없었지만 처음부터 다 잘할 수는 없는 노릇이다. 지금 찬 밥 더운밥 가릴 형편이 아니다.

막노동은 그냥 가면 되는 줄 알았다. '나'라는 사람은 세상일 몰라도 참 너무 모르고 살았다 싶다. 일을 하자면 건설업 안전교육을 먼저 받아야 한단다. 한국산업안전보건공단이 주관하는 교육을 받고 이수증을 발급받아야 일을 할 수 있었다. 그렇게 사전 교육을 받고 간 곳은 송파 아파트 공사 현장 일당 잡부였다. '몸은 힘들어도 마음은 편하겠지. 편하고자 택한 건 아니지만 무엇이라도 하다 보면 돌파구가 생기겠지. 시련이라면 이기면 될 테고 겪을 일이라면 견뎌내면 되겠지. 마음이 따르지 않는다면 다그쳐야지.' 못 박듯 정한 일 아니라면 나라고 왜 못 하겠는가.

"3년 동안 당신 본 모습 중에서 오늘 제일 멋있어요. 파이팅!"

아내 한마디가 모처럼 나를 힘나게 했다. 의욕은 좋았다. 일도 할 만했다. 처음 해 보는 일이라 서툴렀으나 열심히 하면 애들 학원비에 보탬이 되겠다 싶었다. 가고 싶어 하는 식당에 가서 먹고 싶어 하는 메뉴도 마음껏 고르게 해 주고 싶었다. 그런 생각만으로 새벽 4시에 일어나면서 가뿐하다고 다독였다. 두 번째 회사를 관두고 곧바로 쉬지 않고 일할 수 있다는 자체로 너무 감사하다 여겼다.

혼자만의 그런 우격다짐 생각이 그리 오래 가지는 못했다. 몸이 좀체 말을 듣지 않았다. 어느 날 일어나는데 그만 코피를 쏟았다. 괜찮다고 멀쩡하다고 꾸역꾸역 일을 갔는데 보기 좋게 휘청거리고 말았다. 하루 일을 마치고 부슬부슬 여름비를 맞으며 급하게 송파역 화장실로 직행했다. 코피는 흐르고 낮에 먹은 음식은 죄다 토해냈다. 딱히 원인을 모르겠기에 우선 병원에 갔다.

"최근에 과도한 스트레스나 충격적인 일이 있으셨나요?"
"얼마 전에 회사를 관뒀습니다만······."
"저희 병원에서는 진단 내릴 수 없으니 큰 병원으로 가 보세요."

급기야 뇌 MRI를 찍고 각종 검사들을 마쳤다. 대학병원 정신병동으로부터 내이염이란 판정을 받았다. 종합해 보면 단기간에 집중된 스트레스로 인해 염증이 발생하여 평형감각이 떨어졌다는 게 요점이다. 갑자기 중병이 되도록 감당하기 힘들 만큼의 막노동은 아니었다. 머릿속으로 입 밖으로 괜찮다 했지만 회사를 다니는 몇 개월 동안 몸은 고스란히 스트레스를 몸 안으로 쌓아놓고 있었던가 보다. 균형 감각을 상실해 이제는 몸 가누기도 힘들었다. 시신경이 정상적이지 않아 생각하는 자체가 힘들었다. 모니터를 볼 수도 책을 읽을 수도 없는 지경이 되고 말았다.

한 달쯤 지나자 갸우뚱거리면서도 아이 걸음마 하듯 겨우 걸을 수 있게 되었다. 답답한 대로 책도 볼 수 있게 되었다. 이것만으로도 감사하다 여겼다. 기다시피 하여 병원에 갔는데 식욕을 잃어 생전 처음 링거를 맞았다. 이 정도면 거의 반 죽다 살아난 거나 진배없었다. 문제는 살기는 살아났는데 이제 진짜 할 수 있는 일이 하나도 없다는 사실이었다. 집안에서 걸레질 정도가 유일하게 할 수 있는 일이었다.

"네 자신을 불쌍히 여기지 마라. 몸은 이지러졌지만 멀쩡한 게 두 가지 있잖아. 너의 기억과 상상력. 본래 너의 모습을 잊지 마라."

정좌하고 책상에 앉았는데 내 안 어디에선가 이런 음성이 들리는 듯했다. 가만히 음미해 보았다. 그렇다. 내게는 성한 두 눈과 손이 있다. 눈과 손이 있고 기억과 상상을 할 수 있다면 쓰면 된다. 글을 쓰면 되잖아. 생각하기에 따라 얼마나 은혜로운 일인가. 글을 쓰는 데 다른 무엇이 더 필요하단 말인가. 놓친 일들이야 많지만 놓치고 싶지 않은 일들이 더 많으니 글을 써서 기록으로 간직할 수 있다면 되지 않겠는가.

눈에 보이는 돈이 있고 눈에 보이지 않는 돈이 있다. 왜 생짜 억지로 남들처럼 눈에 보이는 돈만 돈이라 여기는가. 눈에 보이는 일만 좇다 눈에 보이지도 않는 병을 얻었다. 이제 그런 바보짓은 그만두기로 했다. 눈에 보이지 않는 나만의 세계를 찾으라. 그 세계에서 진정 나를 찾아보자. 보이지 않는 기억과 상상의 세상을 사람들이 볼 수 있도록 현실화시켜 보이리라. 내가 본 아름다운 세상을 다른 사람들도 보게끔 만들겠다.

아름다웠다. 참으로 아름다웠다. 살아온 기억들이 힘들었지만 재미있다고 쓰고 싶다. 숨죽여 울었지만 소리내어 웃고 싶다. 그렇게 하고 싶다고 적었다. 멋있다. 참으로 멋있다. 앞으로 살아갈 날들을 상상하면 그냥 웃음이 난다. 그렇게 되리라 적었다. 반드시 그렇게 되리라. 그런 기억과 상상만으로 지난날의 기억과 미래 일을 이렇게 쓰고 있다. 이것은 분명히 행복이다. 행복으로 기억하고 행복을 상상하니 최소한의 움직임만으로 나는 최대한의 행복을 껴안고 살게 되었다.

한 달이 지나고 여전히 귀는 멍했고 두 달이 지나도 여전히 귀가 멍했다. 쉽사리 회복되지 않았다. 그러다 조금씩 조금씩 귀가 열리면서 내 안에서 행복이 차오름을 느꼈다. 바닥을 보인 저수지에 오랜만에 내린 비로 수량계가 솰솰 차오르듯 내 안으로 행복 수위가 높아짐을 보게 되었다. 그렇게 글쓰기를 하면서 나는 치유 병동에 입원해 완치 환자로 퇴원하게 되었다. 입원할 적엔 통증 환자였으나 무통으로 완쾌되어 당당하게 모범 퇴원했다. 글쓰기가 나를 치유한 덕분이다. 기억과 상상의 생약으로 나를 치료한 덕택이다. 글쓰기는 그렇게 온전한 나를 찾도록 이끌었다.

05
문제에 매달릴수록
상처는 더 깊어진다

해외 출장을 다녀오면 시차 적응 문제도 있어 웬만하면 곧장 집으로 가고 싶은 마음이 크다. 밤 비행기로 아침을 맞이하며 공항에 도착했을 때는 꽤나 난감하다. 출근과 귀가 두 갈래 길에서 판단을 곧바로 내리지 못하고 헷갈릴 때가 더러 있다. 생각 끝에 잠시 사무실에 들르기로 결정 내렸다.

"출장 잘 갔다 왔는가?"
"예. 우선 구두 보고 드린 대로입니다."
"잠시 할 이야기 있으니 잠깐 회의실로."

그러면서 시작된 잠시 할 이야기란 게 온통 업무 지시 사항들이다. 출장 기간 동안 아무 업무 진행 없이 쌓아 뒀다 마치 기다리기라도 한 듯 한꺼번에 쏟아내는 판이었다. 도대체 공석이던 동안 무슨 일을 했는지 의심이 들 지경이었다. 한 시간 가까이 계속되는 업무 하달에 급기야 도저히 참지 못하고 화가 폭발하고 말았다.

"이사님. 저 방금 출장 마치고 복귀했습니다. 지시만 하고 이사님은 도대체 뭐하셨습니까?"

회사가 인수 합병을 거친 직후라 새로운 임직원들이 수시로 바뀌던 때였다. 타 회사에서 우리 팀 임원으로 온 분이 있었다. 서로 상대방에 대한 파악도 되지 않은 상태에서 처음 대면했다. 같은 팀도 아닌데 어느 날엔가는 업무 지시를 하려 들었다. 맞받아 "못 하겠습니다."라고 한 지 얼마 지나지 않아 한 팀이 되었다. 이제는 별 수 없이 따라야 하는 상황이 되고 말았다.

사람이 마음에 들면 뭘 해도 다 예쁘게 보이고 싫으면 아무리 좋은 걸 해 줘도 밉상이 되나 보다. 스스로 긍정적이요 적극적 성격이라 생각했지만 왠지 인터페이스가 잘 맞지 않는다 생각하니 계속 어긋나게만 느껴졌다. 나만 그렇게 생각하는가 싶어 둘러보니 다른 직원들도 대다수 싫어하는 눈치였다.

크고 작은 일련의 일들이 쌓이면서 급기야 아침 출근길이 괴로운 지경에까지 이르렀다. 멀쩡히 퇴근을 했는데 출근길 지하철에만 내리면 그때부터 사무실 가는 길이 고통스러웠다. 되돌아가고 싶을 때가 허다했다. 건물 주위를 몇 바퀴 휘휘 돌다 사무실로 간 적도 여러 번 있었다. 끌려가는 듯한 날들이 무려 6개월 이상이나 지속되었다.

퇴근 후 직원들과 회식을 핑계 삼아 이사 뒷담화를 하며 하루를 복기하는 게 낙 아닌 낙이 돼 버렸다. '이러면 안 되는데' 속으로 되뇌면서 서로가 서로를 위로하는 날들만 지속되었다. 아무래도 근본적인 대책이 필요했다. 무엇보다 이런 내 모습이 너무도 보기 싫었다. 마뜩잖았다.

퇴근 후 집에서 하루 동안 있었던 일을 차분하게 가다듬을 심산으로 글쓰기를 시작했다. 달리 뾰족하게 묘안이 없으니 이럴 땐 글쓰기가 최고로 손쉽고 간편한 방법이다. 글쓰기의 힘을 빌려 관조의 눈을 갖고자 했다. 관조의 눈은 객관적 시선을 유지하게 해 준다. 한 발 떨어져 자신을 바라보게 한다. 쉽게 들뜨지 않고 차분히 다음을 대비할 수 있는 방법이 마련되는 묘미가 있다. 글쓰기는 마음을 품는 시간 타이머이자 타임캡슐과도 같다.

업무 글쓰기를 하면서 회사 생활이 좀 더 안정되기를 바랐다. 우선 힘든 자신으로부터 놓여나기 위해서라도 글쓰기 시간이 더욱 필요했다. 그렇게 몇 주간 글을 쓰면서 조금씩 여유가 찾아오기 시작했을 즈음 쑥스러움을 무릅쓰고 먼저 이사를 찾아갔다.

"이사님. 일전에 결례했습니다. 죄송합니다."
"아냐, 어 부장. 나도 그날 너무 심했어. 이해해 줘."

서로 미안한 마음을 전했다. 다행히도 글쓰기가 효과를 보는 듯해 안도의 마음을 쓸어내렸다. 그렇다고 사람 성격이 쉽게 바뀔 리는 없지 않은가. 어느덧 또다시 예전 모습으로 돌아가고 있었다. 중간 관리자로서 위로는 상사를 보필하고 아래로는 팀원들을 챙기며 눈치 봐야 하는 나로서는 아무래도 조마조마한 날들이 이어졌다.

때로는 데면데면 때로는 심드렁하게. 뚜렷한 대책도 묘수도 없이 매출 실적과 제품 개발을 동시에 추진해야 하는 악순환만 반복되고 있었다. 회식도 소용없고 단합 워크숍도 그때뿐이다. 열정도 의욕도 없이 물으면 그냥 "예!" 하며 형식적 관계가 겨우 유지되는 정도였다.

그분도 나와 똑같이 느끼는가. 아니면 나만 이렇게 힘들어 하고 있는가. 업무를 바라보는 관점이 달라서 그런가. 이사님과 나. 무엇에 차이를 두고 있을까.

이해하려는 노력에도 불구하고 늘 평행선을 달리고 있다. 일의 문제인가 사람의 문제인가. 업무를 보면서도 일에 집중할 수가 없다. 역할을 제대로 수행하지 못하여 불편을 야기하지는 않는 걸까.

오늘도 회장실에서 주간 회의를 마치고 나왔을 때 이사님 표정이 어두웠다. 임원으로서 느끼는 책임 탓일까.

2004. 7. 8. 목요일. 무더움

글쓰기를 하다 문득 '책임'이라는 단어에서 나도 모르게 그만 멈칫했다. 그렇다. 기질이 다르고 성격이 다르다 하더라도 그것은 개인 차이일 뿐. 업무상 가장 큰 차이점은 바로 그 한 단어 책임에서 생겨난다. 서로가 서로를 바라보는 거리의 문제가 아니라 서로가 서로를 이해하지 못하는 차이다.

글쓰기를 하면서 발견하게 된 그 한 단어를 대입해 봤을 때 확실히 알았다. 이사와 나의 차이는 직급이나 직책 차이에서 오는 게 아니라 서로를 다 알기에는 역부족인 한계가 있다는 사실을 말이다. 그 한계는 극복의 대상이 아니라 인정의 대상이었다. 극복할 수 없는 각자의 처지는 아랑곳하지 않고 무작정 '왜 몰라주느냐?'만 서로 반복하고 있었는지 모른다. 아파하지 않아도 될 일을 서로 말없이 괴로워만 하고 있었는지 모른다.

"이사님이 느끼는 책임을 알지 못했습니다."

"고마워. 그런 부분까지 깊이 생각해 줘서."

문제의 근본 원인은 풀 생각 않고 '사람' 그 자체에만 계속 불만을 키워갔다면 나도 이사도 영원히 안 보고 지냈을지 모른다. 서로의 기억 속에 원수처럼 남아 있었을 게 불 보듯 뻔하다. 화해와 용서의 문제가 아니라 맡은 바 위치에서 어쩔 수 없이 가질 수밖에 없었던 책임. 글쓰기를 통해 책임이라는 단어 하나를 찾게 된 게 더할 수 없는 기쁨이 되었다. 그 후로 나와 이사의 관계는 말짱하게 회복되었다.

같은 직장 내에서도 여러 성격과 가치관을 가진 사람들과 매일 부딪치며 살아간다. 다들 내 마음 같다면야 오죽 좋으련만 그런 사람 만나기란 백에 한두 명 있을까 말까다. 상사든 팀원이든. 그렇다고 상대가 나와 맞지 않다 하여 언제까지 피해 다닐 수만은 없는 노릇이다. 공개적으로 다가가 일일이 말로 다 설명할 수 없다면 혼자 글쓰기를 해 봄 직하다. 글을 써서 나와 그 사람 사이에 얽힌 문제들을 나열하다 보면 어디서 맺히고 꼬였는지 찾아낼 수 있다.

아랫사람은 윗사람 하기 나름이라 한다. 윗사람 역시 아랫사람 하기 나름이다. 나와 상대의 관계에서 생기는 여러 문제들을 풀지 않고 그냥 놔둔다면 괜히 감정의 골만 깊어지게 된다. 직접 맞닥뜨려 풀기 어렵다면 대놓고 이야기하는 대신 혼자서라도 글을 써서 대화를 시도해 보자. 말을 하지 않으면 무슨 생각을 하는지 알기 어렵다. 혼잣말이라도 가상의 대화를 나누다 보면 꼬인 문제를 풀 수 있는 실마리를 발견하게 된다.

일상에서 생기는 많은 문제들과 무턱대고 대립하기보다 차분하게 해결책을 마련하려는 자세. 한꺼번에 풀어내려 안간힘 쓰지 말고 그냥 있는 그대로 봐 주는 마음가짐이 우선이다. 서로의 차이를 인정하고 다가가는 순간 문제 해결은 의외로 쉽다. 해결점은 문제의 접점에서 찾게 되는 경우가 허다하므로. 일단 관계가 풀리고 나면 문제가 얽힌 당사자와는 한층 돈독한 유대 관계를 형성할 수 있다. 그렇게 다져진 관계는 좀 더 오래 믿음을 공유할 수 있는 연결고리가 된다.

06
때로는 혼자 글쓰기 여행을 떠나라

 그런 때가 있다. 사는 일이 무료해지고 느닷없이 한바탕 분위기를 뒤집고 싶을 때. 일상의 틀을 깨고 즐기던 판을 바꿔 새 기운을 불러들이고 싶을 때. 낯섦이 주는 신선함에 휘감기고 싶어진다. 뭐 하러 왔는지 뭐 하며 사는지 아무도 따져 물을 이 없는 곳을 찾아 배낭 하나 울러 매고 싶어진다. 기대 반 설렘 반 긴장 속. 잠시라도 나를 놓아주려 한다. 그럴 때 주는 새로움은 늘 기분 좋은 떨림을 동반한다.
 결혼하기 전 혼자 1박 2일 글쓰기 여행을 떠난 적이 있었다. 기차 타고 여수 밤바다 보면서 돌산대교 앞에서 회를 먹었던 기억이 지금도 새록새록 떠오른다. 그때가 살아오는 동안 나에게 준 첫 자유 시간이었다. 암만해도 그때 감흥을 놓치고 싶지 않아 메모지에 빼곡히 적어두었다. 2일째 일출 보며 여수 재래시장에서 마신 개도 막걸리는 지금도 잊지 못한다.

자유를 꿈꾸지만 늘 자유롭지 못했다. 관대해지고 싶었으나 자신에게 너그럽지 못했다. 뒤도 안 돌아보고 보기 좋게 떠나는 이들만 늘 부러워하며 살아온 하루하루가 얄밉기만 했다. 자꾸만 얽매이지 말고 나 자신을 풀어 놓자 마음먹었다.

여행. 지금껏 혼자서 어디론가 떠난 적은 없었다. 어디로 가야 할지 몰라 검색창에 물어보았다. 여수를 추천한다며 누군가가 친절히 코스까지 밝혀 두었다. 프린터로 출력하여 알려 준 여정대로 도착한 곳은 진남관. 발길이 멈춘 곳에 잠시 시간이 멈춰진 듯한 상상을 해 본다. 나는 진정 어디에 머물기를 원하는가.

(중략) 희붐한 어둑새벽 해돋이를 보려 향일암에 올랐다. 일찌감치 여명을 좇아 전국에서 모여들었을 사람들. 매일 떠오르는 해를 보면서 그들은 무슨 생각을 품었고 어떤 의미를 부여했을까. 나는 인파 틈바구니에 서서 생에 어떤 의미 한 자락을 지녔을까. 해는 우리가 바라는 바대로 수평선 맞닿은 바로 끝에서 일출 광경을 보여주지 않았지만 그래도 해는 해다. 그런 해처럼 나 또한 어떠한 곳에 위치하더라도 온전히 나의 모습을 간직하며 살아가려 다짐해 둔다.

2003. 3. 16. 일요일. 여행하기 좋게 맑음.

글쓰기 여행은 또 다른 자신을 만나는 시간이다. 자신과 만나는 소중한 걸음걸이가 글쓰기 여행이다. 짧은 생활 반경에서 일어나는 일들은 대부분 비슷한 일상을 공유한다. 이런 이유로 어떤 이야기를 하더라도 식상하다. 재미없다. 글쓰기 여행의 묘미는 다른 사람들이 쉽게 접하지 못하는 '재미있는 이야기'를 할 수 있다는 데 있다. 글쓰기

여행의 거리가 멀면 멀수록 이야깃거리는 더욱 풍성해진다. 글쓰기 여행을 다녀온 사람은 하나같이 모두 수다쟁이가 된다.

책상 위 원고지만 붙들고 있으면 글이 잘 써질 거라 여기는 이들이 대부분이다. 사실은 아니다. 좋은 글은 바깥에 있다. 그렇기에 길을 나서게 되고 여행을 권유하게 된다. 그중에서도 글쓰기 여행은 나와 직접 대면하는 최고의 만남이다. 모든 사람은 잠시 떠나 있을 필요가 있다. 좋은 글, 멋있는 글을 쓰려 한다면 더욱 그래야 한다.

길 위에서 글을 쓴다. 책상 앞에서 쓰지 않는다. 글을 쓰려면 길을 떠나야 한다. 방에서 궁싯거린다 해서 글이 써지지 않는다. 머리로 쥐어짜듯 써 나간 글은 힘이 없다. 문장에 생동감이 없다. 대어를 낚으려면 바다로 가야 하듯 활어처럼 싱싱한 글을 쓰려면 밖으로 나가야 한다.

온실 화초는 비바람에 약하다. 양계장 닭보다 들판에 풀어놓고 키운 닭이 힘이 세다. 식물 동물이 그러하듯 글 역시 마찬가지다. 방안 답답한 공간에 막혀 쓴 글은 읽는 사람이 벌써 그 답답함을 느낀다. 부자연스럽다. 누구에게나 자연스러운 글이 좋다. 그런 글을 쓰려면 자연으로 가야 한다.

자연으로 가는 길은 어렵지 않다. 방문만 나서도 눈에 보이는 모든 게 자연이다. 어렵게만 생각하니 글도 어려울 수밖에. 산책만 해도 자연을 닮은 생각들이 떠오른다. 책상 앞에 자세를 가다듬어 진중하고 고상하게 글을 쓰겠다는 생각은 일찌감치 버리는 게 좋다. 글은 살아 움직여야 한다. 자연의 기운을 담은 글이 최고의 글이다. 알고 있으니 나는 떠난다. 틈만 보이면 자연 틈을 비집고 들어간다.

"그거 갖고 가서 뭐 하실라구?"
"집에 가서도 들으려구요!"
"몽돌은 파도가 굴려야 소리 나는디."

몇 년 전 그냥 생각나는 대로 훌쩍 떠난 날이 있었다. 그날따라 몽돌 사각거리는 소리가 무척 듣고 싶었다. 여차몽돌해변을 찾은 이유는 물결에 아갈아갈 소리 나는 몽돌 소리가 너무나도 그리웠기 때문이다. 차르르 차르르 파도가 돌을 굴리고 굴려 몽돌을 만들었다. 그런 몽돌의 자리를 멋대로 뺏으려 했다. 몽돌을 집어 들다 말고 아주머니 말 한마디에 쭈뼛쭈뼛 스르르 놓고 말았다. 파도와 만나야 나는 소리를 어떻게 염치없이 갖고 가. 몽돌만 갖고 간대서야 어차피 듣지도 못할 소리인데. 결국 그날 몽돌 소리는 가져오지 못하였지만 모든 건 제자리에 위치할 때 더욱 울림이 크다는 가르침을 얻었다.

삶에 충전이 필요할 때 또는 삶에 기분 전환이 절실할 때 나는 훌쩍 떠난다. 딱히 갈 데를 정하지 않아도 상관없다. 그냥 무작정 혼자 나선다. 누구를 데리고 갈까 괜한 걱정은 접어두어도 좋다. 나에게는 어디를 가든 언제라도 같이 따르는 글쓰기가 있으므로. 내가 가자고 나선 길이지만 글쓰기는 내 이르는 곳마다 기록으로 인증을 남긴다. 두런두런 혼자 떠나는 여행길이 외롭지 않은 이유는 글쓰기와 낯설지 않은 동행을 즐길 수 있기 때문이다.

여행을 떠나 글쓰기로 이 말 저 말 얘기를 적어나가다 보면 어느덧 자신과 나누는 대화를 엿듣는다. 내 안에 숨어 있는 또 다른 내가 슬그머니 대화에 끼어드는 순간이 온다. 기쁨 조금 슬픔 조금 그렇게 뒤섞여 있는 나. 내 안에서 가만가만 영롱한 빛으로 밝게 빛나는 촛불

하나. 그것이 '나'라고 인정하고 받아들일 수 있다면 그것으로 훌륭하다.

"무엇을 하였느냐?" "무엇을 하려느냐?" 나와 대면하는 첫인사는 그렇게 건네지 않기로 한다. "고단한 길 수고로운 길. 여기까지 와 줘서 고맙다!" 정도면 좋겠다. 평소 숨겨뒀던 이야기, 끝내 감추고만 싶었던 이야기를 주저하지 말고 나눠 본다. 세상 다른 사람에게는 못 전해도 내게만은 솔직하게 고백해 본다. 제한을 두지 말고 주고받는 많은 말들을 차분하게 글로 남겨 본다. 내 마음이 기뻐하고 내 영혼이 즐거워지는 순간이다.

이 시각 이 공간에서 나는 오로지 혼자서만 이곳을 차지할 수 있다. 그렇다면 철저히 혼자만의 세계로 빠져들어야 한다. 철저히 혼자가 된다는 건 제대로 된 자신을 만날 준비가 되었다는 신호다.

나를 만나려 할 때 글쓰기는 수행비서처럼 언제나 여행길에 동반자가 되어주었다. 혼자만의 세계에 들어섰을 때 글쓰기는 싫은 내색 없이 진정 나를 반겨주었다. 떠남은 새로운 만남을 마련한다. 나를 찾아 떠날 때면 언제라도 글쓰기를 대동했다. 새로운 나, 새롭게 바뀌려는 나를 주선하려 글쓰기는 여전히 바쁘다.

삶이 주는 기쁨을 온전히 누리지 못할 때 길을 나선다. 큰 뜻 없이 여행을 떠나지만 생각해 보면 나를 찾아 다시 돌아오게 된다. 길 속에서 길을 찾아 돌아온다. 낯선 여행지 낯선 사람들과 만나는 속에서 나의 모습이 투영되어 있음을 발견한다. 글쓰기 여행은 나를 만나는 또 다른 여정이다. 여행은 여유를 주었고 여유는 새 길을 만들었다. 나를 감출 수 없어서 더러 드러낼 수 없어 이리저리 무작정 떠나 본 글쓰기 여행이지만 그 속에서 나도 몰랐던 숨은 힘을 찾아낸다. 숨겨진 그 힘으로 다음 살아갈 날들을 바라보면 눌러졌던 어깨짐을 가볍게 투둑투둑 쳐올릴 자신이 생긴다. 이 아름다운 글쓰기 여행이 여기서 쉽게 멈추지 못하는 이유는 앞으로 더 가고 싶은 여행지가 매력적으로 다가오기 때문이다. 이제 글쓰기 여행은 더 먼 여행을 떠나고 싶어 안달이다.

07 / 놓치고 싶지 않은 꿈을 글쓰기에 담아라

초등학교 저학년 시절. 스쳐 가듯 아주 우연히 텔레비전 한 장면이 기억난다. 무엇인지는 정확하게 모른다. 대학생쯤 돼 보이는 형 누나들이 한 명씩 앞에 나와 영어로 발표를 한 듯하다. 그게 다. 방송했던 채널이 교육방송인 건 확실하다. 시간이 지나면서 그게 무엇인지 무척이나 궁금했다. 물을 데도 없고 아는 사람도 없었다. 호기심이 내 안에서 궁금증으로 바뀌는 사이 다른 사건 하나가 나를 뒤흔들었다.

"여기 모인 친구들과 함께 똘똘 뭉쳐 통일의 그 날을 향해 나아가자고 이 연사 강력히 강력히 외칩니다!"

웅변을 듣는 일은 차라리 고역이었다. 날도 더워 죽겠는데 모래 바닥 운동장에 전교생이 모여 앉아 반공 웅변을 들어야만 했다. 그땐 그래야만 했다. 그저 그런 별 알맹이도 없구먼 하나같이 비슷비슷한 내용에 중간중간 고함만 질러대고 있었다. '냅다 소리만 지르는 게 뭔 웅변이라고!' 한숨 쉬는 찰나 어렸을 적 교육방송을 본 기억이 절묘하게 오버랩되었다. '아 저게 그거고 그게 저거구나!' 다른 점은 영어로 말하던 형들은 한 번도 꽥꽥 소리지르지 않았다는 사실이다. 의문이 풀렸는가 싶었는데 또 다른 의문이 파고들었다.

'영어 웅변'은 어렸을 적부터 품어 온 나의 꿈이었다. 막연히 찾아든 궁금증은 꿈이 되었고 그 꿈은 이루기 힘든 도전으로 변했다. 어린 내 마음속에 그리고 책상 앞 벽에 눈에 잘 띄는 필통 속에 도전거리를 적었다. 보고 또 보고 시도 때도 없이 '이루고 싶다.' 몇 번이나 되뇌었다.

중학교 2학년 때 교내 영어 웅변대회에서 1위를 하고 나서부터 은연중에 전국대회에 나가고 싶다는 목표가 자리 잡게 되었다. 그전에 붙여 둔 목표를 떼고 '전국 영어 웅변대회 입상'으로 목표를 바꿔 붙였다. 그렇게 영어 웅변 꿈은 쉽사리 해갈되지 않는 갈증처럼 늘 두려움을 느끼면서도 자꾸만 여러 사람 앞에 나 자신을 서게 만들었다.

대학교 때 논문 쓰는 틈틈이 기회를 엿보던 중 드디어 때가 왔다. '전국 대학생 영어 웅변·토론 대회'가 시야에 들어왔다. 꿈을 현실로 바꾸려 하면 늘 심장부터 뛰기 시작한다. 좀체 억누르기 힘든 박동으로 '생각'보다 '몸'이 먼저 반응하는 경험을 느끼는 짜릿한 순간이다. 절실할 때 찾아오는 기회는 절대 그냥 통과하게 해서는 안 된다. 소리 없이 오지만 빈손으로 오지 않기 때문이다. 넋 잃고 보내놓고 나면 정신 차린 뒤엔 이미 늦다. 눈 뜬 상태로 맞이하여 온 듯 만 듯 휑하니 가 버리니 할 말 없게 만든다. 이것이 꿈을 가장한 기회의 정체다.

7분짜리 원고부터 써야 하는데 제목부터 너무 아득하다. '부상하는 신세계 질서 하의 동북아시아(Northeast Asia in the emerging New World Order)' 지금도 이 제목을 생생히 기억할 정도로 처음 맞닥뜨렸을 땐 그냥 당혹스러웠다. 대학생이었을 당시 동북아시아라는 표현은 그냥 낯설기만 했다. 꿈을 이룰 절호의 기회가 눈앞에 왔는데 손 하나

뺄 힘이 나지 않았다. 도서관에서 몇 날 며칠 온갖 자료를 뒤적여 보아도 도무지 도움될 만한 자료 하나 눈에 띄지 않았다. 원고 제출 마감일까지 단 한 글자도 쓰지 못했다.

꼭 원고를 써야 하는데 좀체 써지지 않을 때가 있다. 그럴 때는 집중하는 수밖에 없다. 집중해도 써지지 않는다면 초집중하면 된다. 방해되는 모든 요인을 떨쳐내고 오로지 원고 앞에서 골똘히 생각의 끝자락을 모아봐야 한다. 원고는 절대 요행수로 채워지지 않는다. 고민의 결과는 듣는 사람이 단박에 알아보는 신기한 힘을 지니고 있기 때문이다.

생애 첫 전국 영어 웅변대회 수상을 계기로 영남대학교, 코리아 헤럴드 웅변대회에 참가해 모두 수상했다. 원고 쓰는 날들은 늘 불면을 동반한다. 신기하게도 그런 시간들이 힘들면서도 자못 행복하다는 느낌을 언제나 수반한다. 원고를 메우는 고뇌의 시간이 지나고 보면 결국 꿈을 이루는 내 '능력 발견'의 또 다른 작업이 된 셈이다.

꿈을 이루고 나면 꿈이 사라질 줄 알았다. 이제 이루었으니. 꿈도 자식을 낳나 보다. 꿈 하나를 이루고 나니 더 많은 다른 꿈들이 생겨나기 시작한다. 처음 꿈꾸었던 때보다 더 힘들고 도달하기 멀어 보이는 꿈들로 새로 채워졌다. 생기지 말란다고 나타나지 않는 게 아니라 내 힘으로도 어쩌지 못하고 떠오르는 꿈들이다.

- 전국을 누비는 강연가 되기
- 모교에서 강연하기
- TED 강연하기
- 스피치 코치 되기

글쓰기를 하면서 꿈이 생겨나기 시작했고 쓰다 보니 꿈들이 생생하게 구체화되는 모습들이 그려졌다. 불가능할 일처럼 느껴지다가도 가능할 일처럼 보였다. 어떻게 하면 이루어질까 쓰다 보니 되는 일들을 자꾸 적게 된다. 적은 대로 쓴 대로 따라 하다 보면 희망 사항이 기정사실이 되겠다는 확신이 섰다.

'어느 특별한 재강연'

어쩌면 가장 이른 시간 안에 이 꿈이 이루어지리라 믿는다. 대학생 시절 나에게는 아주 특별한 교수님 한 분이 계셨다. 당시 꼭 가고 싶은 대학원이 있어 거기에 진학할 요량으로 전국 논문 현상 공모에 도전하여 상금을 모으고 있었다. 어떤 기관이 주최하든 당시 공모로 나온 모든 주제를 갖고 혼자 도서관에서 글을 썼다. 한 편씩 논문이 완성될 때마다 교수님께 갖다 드렸다.

"어 군. 다음 연강 수업 때 발표해 주겠나?"
"안 됩니다, 교수님. 제가 교수님 수업 시간에 어떻게……."

나는 계속 손사래를 쳤고 교수님은 끝까지 발표하라며 격려했다. 무역학과였고 제목 또한 '한국 금융시장의 개혁, 개방'이었으니 무난하다고 생각하셨나 보다. 감히 수강생이 교수님 수업 시간에 그것도 연강 시간에 수업 대신 주제 발표를 했다는 이야기는 아직 들어보지 못했다. 나는 대한민국 금융의 미래에 대비해야 한다는 내용을 썼고 교수님은 나의 미래를 앞서 보셨는지 모른다. 다른 교수가 "대한민국은 관치금융이기 때문에 자네가 생각하는 그런 일은 절대 일어나지 않는다."며 나에게 핀잔줄 때 오로지 그 교수님만 나의 말을 믿으셨다.

20년도 지난 지금에 와서 새삼 교수님께 특별 요청을 하려 한다. 교수님은 내 젊은 날 잊지 못할 특별한 기회를 주었고 이제 나는 교수님의 어린 제자들 앞에서 특별한 강연을 하고자 한다. 보기 드문 사제간 정을 들려주면서 그 오랜 정을 이어준 건 다름 아닌 '꿈'이었다는 사실을 알게 해 주고 싶다. 세월은 흘렀지만 한 번도 변하지 않고 교수님과 나는 서로 다른 위치에서 오로지 글을 쓰면서 살아왔다고 말하고 싶다. 꿈을 잃지 않았고 글쓰기를 놓지 않았다는 사실만으로도 후배들에게 열정적인 수업이 될 듯하다.

스피치와 관련한 많은 꿈들이 계속 나에게 생겨난다. 아직도 이루고 싶은 꿈이 많다. 꿈을 이루기 위해 오늘도 글을 쓰고 또 쓴다. 글을 쓰기 전 꿈은 그저 멀리 있을 따름이지만 쓰고 난 뒤 꿈은 바로 내 곁에 있음을 본다. 글쓰기 하는 사람에게 꿈은 미래를 현실로 구체화시키는 자기표현 방식이다.

놓치고 싶지 않은 꿈이 있다면 글을 써서 남겨야 한다. 꿈은 종이에 써야 비로소 완성된다. 내가 현재 운영 중인 〈어성호글쓰기연구소〉도 글로 적어 둔 덕분에 탄생할 수 있었다. 글쓰기를 어려워하는 직장인이나 글쓰기를 필요로 하는 초등학생, 중고등학생, 대학생, 성인에게 도움을 주고자 설립했다.

머릿속에 맴도는 꿈은 빈 하늘에 뜬 무지개와 같다. 빛나지만 사라질 걸 전제로 한다. 아무리 위대한 일도 결국 기록만이 모든 걸 이루어낸다. 꿈을 가졌지만 꿈을 이루지 못하는 사람이 있다. 꿈에 도전했으나 꿈의 완성을 보지 못한 사람이 있다. 누구라도 개인의 영웅담은 즐겨 듣지 않는다. 그 이야기들이 기록으로 남아 있을 때라야 비로소 들춰 본다.

 '이것만은'이라고 생각하는 꿈이 있다면 글쓰기에 담아 볼 일이다. 글을 써서 눈으로 확인하는 순간 우리의 꿈은 그때부터 제대로 시동을 건다. 절실하고 절절하게 외쳐댈수록 이루고 싶은 꿈은 이미 이루어져 있다. 꼭 이루고 싶다면 글로 먼저 확인하면 된다. 글로 확인되지 않으면 꿈은 만날 수 없다. 생각만 가지면 생각만으로 그친다. 꿈을 이루고 꿈을 끌어당기는 맨 첫 과제는 글쓰기에 있음을 나는 오늘도 글쓰기에서 다짐받는다.

08 글쓰기는 설레는 여행이다

"어 과장, 호텔 숙박비와 왕복 티켓밖에 없다. 그래도 무조건 영업해 와!"
"일당 경비도 없이 무슨 영업을 합니까?"

전혀 씨알도 먹히지 않았다. 철도청 통합사령부 상황실 구축이라는 대형 프로젝트를 수주하기 위해 사전 영업을 가야 하는데 입사한 지 얼마 되지도 않은 나를 급파했다. 부담만 쳐도 이루 말할 수 없는데 영업비도 없이 수주해 오라니 기가 찰 노릇이다. 회사 경영 상황이 만만치 않으니 알아서 하라는 일종의 명령이었다.

"돈 쓰고 영업하면 누가 못하나? 영업의 틀을 바꿔 봐!"

말이야 쉬운데 돈 쓰고도 힘든 프로젝트를 입사 초짜가 당최 어떻게 감당하란 말인가.
인천공항이 막 생겼을 때였다. 김포공항으로만 오가다 인천공항을 보니 딴 나라 공항 같았다. 그래도 영업 사원이 어리버리한 모습을 보이면 안 되겠기에 눈에 힘 빡 주고 태연한 척 공항에 의연하게 서서 마중했다. 15박 16일 중 우리에게 주어진 시간은 유럽 철도 관계사를 투어하는 11일뿐이었다. 초기 영업이 워낙 거세어 여기까지 오게 된 자체만으로도 우여곡절이 깊었다.

철도청 관계자 네 분을 모시는데 우리 위로 총영업을 담당한 다른 회사가 있었다. 그러니 몇 명 안 되는 출장 인원들 중 나의 위치는 제일 꼴찌였다. 인사를 해도 서기관은 본 척 만 척. 등골이 똑바로 펴지는 그런 느낌이라면 제격이다. 웃으며 반갑게 영업해 보려는 마음은 애당초 씨도 안 먹힐 태세였다.

유럽 10여 개국을 돌아보는 일정으로 견학 반 투어 반이었다. 출장의 무거움은 내려놓고 모두 제대로 즐기는 듯 보였다. 단지 나 혼자서만 머릿속으로 '무조건 영업해야 돼. 어떻게 틈을 노려 고객 감동을 실현하나?' 생각을 굴리고 있을 뿐이었다. 하루 가고 이틀 가고. 일주일이 지나도 웬만해서는 말도 섞어주지 않았다. 입이 바짝바짝 타들어 갔다. 말을 건네는 자체가 제품 호감으로 비쳐질까 처음부터 선을 긋고 시작하겠다는 표시다. 도무지 간극을 좁힐 여지가 보이지 않았다. 그러다 결국 공식 일정 마지막 날에 이르렀다. 저녁 식사 후 방에서 유종의 미로 티타임을 갖겠다는 나지막한 선포가 날아들었다.

"여기까지 오시느라 모두 수고하셨습니다!"

갈 데까지 갔고 오고야 말 시간이 왔다. 말 한 번 못 붙여 보고 영업한 수도 못 써 보고 이대로 돌아가면 나는 무슨 꼴이 되겠는가. 서기관의 축하 말이 이어지는 그 순간까지도 아무 생각이 나지 않았다. 나자빠질 때 나자빠지더라도 용쓰는 시늉이라도 해야 할 판인데 머릿속은 밀가루처럼 허옇기만 했다. 서기관의 축하 멘트가 끝나고 너나없이 잠잠해지는 잠시 몇 초.

'이 몇 초를 살리지 못하면 나는 죽는다'

이 몇 초를 위해 나는 지나간 출장 시간을 잠 못 이루며 호텔 방에 쪼그려 앉아 글을 썼다. 통역을 맡길 수도 있고 영어로 인사말을 맡길 수도 있겠다. 아니면 식사 중 건배사를 제안할 수도 있을 테니 그 어떤 상황이 오더라도 미리 준비한 글쓰기가 빛을 발해야 했다. 악착같이 준비했지만 생각했던 그런 시간은 마지막 순간까지 내게 바늘 끝만치도 허락되지 않았다. 준비했던 모든 글들이 무용지물이 될 끝자락에 다다랐다.

"서기관님. 내일 알프스를 오르면 다시 보기 힘들겠죠. 이 머나먼 곳까지 와서 멋진 알프스 산을 앞에 두고 시 한 수 없어서야 말이 되겠습니까. 제가 자작시를 버벅대지 않고 끝까지 읊으면 박수 한 번 주십시오."

쓰고 또 쓰고 읽고 또 읽고. 외우고 기억하고 외우고 기억하고. 그렇게 준비한 날들이 9일 하고도 10일이었다. 실수하면 안 된다. 틀리면 안 된다. 한쪽으로는 주문을 걸면서 다른 한쪽으로는 시를 암송했다. 마침내 준비한 시를 끝까지 다 읊었다.

잠시 몇 초간 방 안 공기에 정적이 흘렀다. 근엄한 모습을 유지해온 서기관님이 만에 하나 타박한다면 이 모든 일들은 한꺼번에 찬물을 끼얹고 물거품이 되고 만다. 짧은 생각이 스치는 바로 그 찰나에 서기관님이 말을 뗐다.

"박수! 박수! 어 과장, 대단합니다! 다시 봤습니다!"

출장 기간 내내 식사 중 반주도 않던 서기관은 어지간히 기분이 고무되었는지 곧바로 그 자리에서 룸빠를 다 비우라 했다. 앉은 자리에서 윗선 영업이 이루어지는 듯한 멋진 광경이 연출되었다. 설렘이 컸을까 긴장이 컸을까. 걱정이 컸을까 노력이 컸을까. 유럽 출장 기간 동안 내게 주어진 미션을 수행하느라 나머지는 아무 기억이 나지 않는다. 올지 안 올지 예고조차 없는 그 짧은 순간만을 초조하게 노리며 글을 썼던 기억만큼은 지금도 선연하게 남아 있다. 글을 쓰지 않았더라면 어찌되었을까. 생각할수록 그저 아찔하기만 하다.

회사에 입사한 지 얼마 되지 않아 해외 출장을 가게 되었다. 해외사업부이니 출장을 해외로 가는 거야 당연한 일이다. 지금이야 해외여행은 흔한 일이지만 20여 년 전만 해도 은근히 사람 오그라들게 만드는 게 비행기 타는 일이었다. 단순히 여행 목적으로 가는 게 아닌 업무차 가는 길이니 한시도 자유로울 수 없다.

카자흐스탄, 우즈베키스탄, 이집트, 사우디, 스위스, 체코. 나라 이름만 들어도 남들은 부러워할 일이겠지만 출장의 부담은 갈 때마다 느끼는 스트레스였다. 피할 수 없다면 즐겨라 말하지만 피할 수도 즐길 수도 없는 상황이었다. 비싼 항공료를 내고 가는 출장길에 많은 사람을 보낼 수 없으니 회사 대표로 가는 한 사람에게 되도록 많은 미션을 실어 보내는 게 소위 말하는 해외 출장이다.

몇 번을 나가다 보니 어느 정도 지나고 나자 약간의 요령이 생겼다. 이왕 가는 출장이라면 좀 재미있고 유익하게 보낼 수는 없을까. 그렇게 고민하다 자투리 시간이 날 때마다 '사람들 속으로' 가 보자 생각했다. 글을 쓰는 사람에게는 잠시라도 멈추지 말고 발탄 강아지마냥 움직여야 글감이 될 먹잇감을 사냥할 수 있다.

'street smart'라는 단어가 있다. 우리말로 세상 물정에 밝은 사람이라는 뜻 정도 된다. 반대 뜻으로 'book smart'라는 단어가 있다. 우리말로 치면 헛똑똑이라 할 수 있다. 분명히 나는 book smart였지만 street smart 흉내를 내 볼 요량으로 호텔을 벗어나 야시장도 가고 추천 맛집도 들러보곤 했다.

입찰 제안서를 쓰러 말레이시아로 왔다. 계획한 일정에 맞춰 마무리를 하였으나 다른 회사 팀들을 두고 아무래도 혼자 돌아가기에는 글렀다. 올해 추석은 보나마나 말레이시아에서 보내게 되나 보다. 속상한 마음을 같이 끌고 에라 모르겠다 호텔 밖으로 나왔다.

"코리안? 먹어 봐요. 한국 없어요. 오늘 가면 내일 없어요!"

늘어선 수레 음식 중에 유독 우리말을 하는 청년이 발길을 멈추게 했다. 내일은 없다는 그의 한마디에 정신이 번쩍 들었다.

"얼마예요?"

"잘 생겨 한국 사람. 한 개 공짜!"

멋진 장사 멘트에 한 방, 칭찬에 한 방, 서비스 정신에 한 방. 한 방씩 연거푸 석 대를 맞고 나니 울적한 마음이 한순간에 확 바뀌어 버렸다. 내 꼴이 한심하다 생각했는데 처음 보는 말레이시아 청년에게 "부자 되세요!" 엄지를 치켜 보였다.

2001. 9. 27. 목요일. 말레이시아 호텔 근처 야시장에서.

어딜 가나 사람 사는 모습은 비슷할 거란 생각이 주효했다. 나라마다 만나는 사람마다 미묘한 차이는 분명히 있었다. 그것을 새로 알게 되는 재미가 은근히 자신을 매료시키고 있었다. 오묘한 소감들을 하나하나 개인 기록으로 남겨 두었다. 그런 기록들을 밑천으로 바이어들과 환담할 때, 건배를 제안할 때 등 두루두루 알차게 활용할 수 있었다. 당시로서는 묵직한 일정들을 소화하기 바빴지만 지금 생각하니 짜릿한 날들이었다.

글쓰기는 언제나 나와 함께했다. 철부지 어렸을 적부터 어른이 된 날까지. 내가 떠난 여행길에 종이와 펜은 함께 따라갔다. 무엇을 적는다는 행위는 설렘을 동반하는 흥겨운 작업이다. 한 장면을 두고서도 때에 따라 음미하는 느낌이 달라진다. 이것이 글쓰기가 가지는 장점이자 매력이다. 다음 여행지는 어디인지 어떤 쓸거리가 있는지 설레는 마음은 잠시도 멈추지 않는다.

2장
다른 나와 만나는 글쓰기

01 / 인생 2막은 달라야 한다

"아버지, 저 카피라이터로 갈까요? 방송국 시험을 볼까요?"
"그걸 나한테 물으면 어떡해? 배운 네가 더 잘 알지!"
"결정 못 내리겠습니다."
"네 하고 싶은 걸 해라. 나중에 후회 않도록."

대학원 졸업하고 사회생활 시작할 무렵 갈등이 하나 있었다. 당시로서는 꽤나 심각한 문제였다. 고민은 이랬다. 설령 내가 아무리 영어를 잘한다 해도 영미문학사에 1%도 기여하지 못하며 반대로 외국 사람이 우리나라 말을 아무리 잘해도 국문학사에 1%도 기여하지 못한다. 그렇다면 지리산 노고단 운해는 우리나라 여기 이 땅에서 태어난 사람이 가장 잘 찍을 수 있지 않겠는가. 지리산에 얽힌 여러 전설과 신비를 알고 난 뒤에 찍은 한 컷 사진은 명작이 될 수 있으며 이왕이면 그런 작품을 내 손으로 남기고 싶은 게 당시의 꿈이었다. 그런 생각 끝에 내린 결론이 방송국에 들어가 다큐멘터리 PD가 되는 거였다.

그때까지만 해도 진짜 전공이 무엇인지 무엇을 가장 하고 싶어 하는지 알 수 없었다. 곤하게 잠을 자다가도 누가 흔들어 물었을 때 그 하나만 생각하며 정신 바짝 차릴 수 있다면 그것이 바로 나의 전공이라 할 수 있겠다. 쉽지 않은 선택이 되겠지만 고심에 고심을 더하여 드디어 나의 전공을 찾았다. 길을 찾았으니 나름 열심히 공부했다. 잠을 쫓으면서 배고픔을 참으면서. 한 번 보고 두 번 보고. 금세 손에 쥘 듯하더니 예상 밖에 시험 보는 횟수가 자꾸 늘어갔다. 될 듯 될 듯 자꾸만 불합격하다 보니 더욱 독기가 올랐다. 더욱더 바짝 고삐를 당겼지만 공중파 방송국 시험만 2년 동안 보고 있자니 은근히 움츠러들기 시작했다. 오라는 은행은 아예 갈 생각도 않고. 아무리 내 하고 싶은 일을 한다지만 나이 제한도 있고 이대로 가다간 사기업 취직도 만만찮을 듯했다.

그렇게 내심 타협을 본 게 C 기획사 카피라이터 응모였다. 필기시험도 가뿐하게 통과하고 면접만 남았는데 K 방송국 1차 필기시험과 겹치게 되었다. 난감했다. 꿈이냐 현실이냐 이상이냐 타협이냐. 절대 마주칠 수 없는 대척점. 갈등과 고민의 한복판 기로에 맞닥뜨렸다. 내게 일어난 문제의 해결책을 다른 사람도 아닌 아버지에게 묻는 상황까지 오게 되었다. 앞으로 살아갈 젊은 날의 갈림길에 서게 되었을 때 아버지는 "다소 힘들더라도 네 하고 싶은 걸 해라." 하셨다. 살아가는 동안 후회하며 살지 말라 이르셨다. 설령 떨어지더라도.

회사 나와 떨거지로 집에 있어 보니 꼴이 영 말이 아니다. 추레한 모습이 한양 가서 낙향한 이도령 같기도 하고 식욕 잃고 살도 빠진 모양새가 거지왕 김춘삼을 닮은 듯도 하다. 죽을 둥 살 둥 했어도 젊은 날 고민은 차라리 혼자 몸이라 괜찮았지만 지금은 홀몸이 아니다. 내가 벌어와 직접 거느려야 할 식솔이 딸린 엄연한 가장의 몸이다. 그땐 물어볼 아버지라도 계셨지만 지금 아버지는 물으려야 물을 수도 없는 곳에 계신다. 입사 후 첫 월급을 드리기 전에 아버지는 돌아가셨기 때문이다. 내게 '위대한 결정'을 내려 주시자마자.

"도둑이 따로 있는 기 아이다. 지 주머니에 돈 없어 봐라. 지 주머니에 돈이 있으면 길거리에 김 모락모락 나는 만두를 보고도 '에이' 하고 그냥 지나가지만 돈이 없으면 저거 꼭 한 번 먹어 보고 싶고 더 맛있어 보이는 기라. 그러다 배고파 못 참으면 훔치는 거고 그러다 도둑 되는 기지."

비가 오면 우산 들고 제일 먼저 학교 찾아오시는 아버지. 제사 때가 되면 좋은 고기 다 알아서 사 오시는 아버지. 등록금 영수증은 보자마자 그 이튿날로 내시는 아버지. 자식이 온다면 몇 시간이고 버스 정류장에서 기다리시는 아버지. 맛난 게 있어도 집에 오셔서 꼭 식구들하고 같이 드시는 아버지. 할 일 마치기 전에는 절대 진지 안 드시는 아버지. 어깨 펴고 힘내라 용기 내라 입버릇처럼 타일러 주시던 아버지. 아무리 우겨도 당신 생각이 옳으면 절대 소신 굽히지 않으시던 아버지.

나중에 내 일기를 들춰 볼 내 사랑하는 사람이여 내 자식들이여. 당신의 시아버지, 너희들의 할아버지는 그런 분이셨다. 우리들에게 기울인 정성이 이 정도라면 당신의 며느리 손자 손녀들에겐 오죽하실까. 내 백 마디 말보다 살아 계신다면 더 정성을 기울이셨을 내 아버지인데 애석하게도 안 계신다는 사실이 미치도록 미안하구나. 내 아버지의 그 따스한 사랑을 보여주고 전할 길 없으니 참으로 미안하구나.

1998. 12. 8. 화요일. 빛은 나지만 추움.

아버지가 돌아가시자 옛일을 기억하며 썼던 기록을 오랜만에 들춰보았다. 살아온 날보다 어쩌면 살 날이 더 짧을지도 모를 내 인생. 더 괴로운 날들이면 어쩌나 옹졸한 생각에 살아계신다면 한 번만 더 물어보고 싶어졌다, 지금 이 순간에. 아들은 아버지를 닮지 말자고 딸들은 엄마만 닮지 않길 바란다. 나 역시 사춘기 철부지 시절 그런 생각을 한 번쯤 했다. 아버지를 닮지 않으려 용감하게 살았고 아버지보다 더 잘 살겠다고 공부도 할 만큼 했다. 어떻게 이 나이 먹고 이 지경에 이르고 보니 아버지보다 단 한 발짝도 더 나아가지 못했다는 자책이 준엄하게 내려선다.

"너는 지금 네 인생을 도둑질하고 있지는 않느냐!"

화들짝 깼다. 새벽까지 글을 읽다 설핏 잠이 들었는가 보다. 어제 본 듯 생생하기도 하거니와 너무나도 반가워 안아 보려는데 깨고 보니 아버지는 보이지 않았다. 꿈이었다. 그런 중에 하신 말씀이 참으로 선명하게 쟁쟁거렸다. 잠이 덜 깼나 도무지 뜻을 알 수 없어 집을 나섰다. 아침 찬 공기를 쐬러 현관을 내려서는데 눈앞에 뭐가 걸렸다.

"에잇!" 손으로 거미줄을 훑어 치우려 얼굴을 쓰다듬었다. 거미가 놀라 도망가는 모습을 보는데 다시 한번 화들짝 놀랐다. 거미는 놀라서 도망간 게 아니다. 그렇게 느꼈다면 그건 단지 내 생각일 뿐. 착각인지도 모른다. 아침 사냥을 위해 밤새 필사의 노력으로 온몸의 힘을 다 쏟아 거미는 거미줄을 쳤을 것이다. 사냥에 실패한 게 아니라 기회를 잡으려 죽기 살기로 줄을 펼쳤을 것이다. 단지 먹잇감이 아님을 알고 그냥 유유히 제 집으로 발길을 돌렸을 따름이다.

하물며 거미도 저러고 사는데 나는 지금 여기 서서 무엇을 하고 있더란 말인가. 아무 일도 안 하고 애꿎은 시간만 허비하며 지냈다. 지난날 고민하던 시기와 너무도 흡사한 상황이다. 원하고 바라던 일이 되지 않았다 하여 내 인생이 실패한 인생은 아니다. 지금의 나는 지난 날 그때 나에게 무슨 말을 해 줄 수 있을까.

"괜찮아. 방송국 PD가 되지 않았더라도 넌 멋있게 잘살고 있어. 그러니 포기하지 말고 용기 내서 당당하게 살아!"

나는 내게 이렇게 말해 주고 있었다. 그렇다면 10년 뒤 나는 어려운 시간을 보내고 있는 지금의 나에게 무슨 말을 해 줄까. 어쩌면 지금 한 말과 똑같은 말을 해 주지 않을까. 과거 힘든 결정을 내리지 못하고 있을 때 아버지는 결정을 내려주셨다. 옛날에도 지금도 똑같은 말이었겠지. 오히려 남아 있는 인생에서 소중한 시간을 도둑질하며 살지 마라 이르신다. 손으로도 얼른 잡기 힘든 거미조차 저렇게 살겠다고 버티는데 왜 죽치고 앉아 붙박이처럼 구는가.

"다르게 살고 싶다!"

인생 1라운드는 그렇게 지나갔다. 관중석에 응원하는 사람이 적고 지지하는 팬이 없었더라도 괜찮다. 이제 인생 2라운드를 맞이해야 할 때다. 탐색전만 벌이다 남은 인생을 망가뜨릴 수는 없다. '해 줬으면' 하는 일로 1라운드를 살았으니 '했으면' 하는 일로 2라운드를 누비면 어떨까. 왜 남 좋은 일 해 주고 누구 좋으라고 언제까지 남이 시키는 일만 하다 가야 하는가. 내 하고 싶은 일 하기. 하루를 살더라도 내 하고 싶은 일을 하자. 그것이 내가 남과 다르게 사는 방법이다. 모처럼 내 인생에 다시없는 기회가 왔는데 거미줄보다 더 팽팽하고 야무지게 줄을 쳐야 하지 않겠는가.

02 / 글쓰기를 향한 열정이 나를 살게 했다

"어 과장님! 전화 왔는데 꼭 어 과장님 바꾸라는데요."
"예, 씨피에스 어성호입니다. 안녕하십니까?"
"글 잘 읽었습니다. 직접 쓰셨다고 하는데 한 번 볼 수 있을까요?"
"감사합니다. 어디로 가면 되겠습니까?"

지금이야 주 5일 근무를 하지만 입사 초기에는 토요일에도 근무했다. 동료들과 점심 먹고 슬슬 퇴근하려 가방을 챙기는데 여직원이 전화를 돌렸다. 누구인지도 모르겠는데 토요일 하고도 늦은 하필 퇴근 시간에 바로 보자 한다. 다른 누구도 아닌 나를 말이다. 뭔지는 모르지만 알 수 없는 야릇한 느낌. 나쁘지 않다. 챙기던 가방을 다 쏟아내고 최대한 가볍게 가방을 만들었다. 그 어떤 고객을 만나더라도 영업사원 가방은 산뜻해야 한다. 깔끔하고 단출해야 한다. 퇴근길에 읽을 책을 넣어 불룩하게 만들지 말아야 한다. 카탈로그, 회사 소개 PPT 자료, 다이어리와 기념품 두어 개. 이 정도가 영업 사원의 필수품이다.

"21세기는 영업이 꽃입니다. 영업의 고정관념을 바꿔 놓겠습니다."

처음 입사했을 때 기획이나 관리 업무를 하는 게 더 맞을 듯하다고 들었을 때 기어이 바득바득 우겨 영업부에 지원했다. 고객과 밤늦게 술 마시는 영업은 영업이 아니다. 영업을 예술의 경지로 끌어올리고 싶다고 큰소리쳤는데 막상 실전을 치르느라 고전을 면치 못하고 있었다. 주섬주섬 부산하게 온몸으로 영업을 익혀가고 있을 무렵 그날의 '일'이 생겼다.

만나자는 상대 회사명이 분명히 낯설지 않다. 왠지 친근하다. 어디서 많이 들어본 듯하다. 어쩌면 잠재 고객이 될지도 모르는데 더더욱 상대 회사 파악도 하지 않고 무작정 뛰쳐 가면 안 된다. 바로 옆에 앉은 대리에게 물어봤다. "보안업체 넘버원이에요. 우리 건물 9층에 있는데요. 그 회사는 왜요?" 팔목을 잡으려는 대리의 손을 뿌리치고 나는 자리에서 후다닥 일어났다.

내게는 오래된 습관이 하나 있다. 어디 좋은 글이 있으면 꼭 타이핑해 갈무리해 둔다. 프린트해서 나눠 주기도 하면서 그걸 핑계 삼아 대화의 물꼬를 트려 한다. 거래처 사람들과 친해지면 이메일로도 가끔씩 보내곤 한다. 별 뜻은 없다. 입사해서는 사내 게시판에 글을 올려 직원들과 '막간 소통'을 시도하기도 했다. 그 무렵 직접 쓴 글도 이따금 올려 넌지시 반응을 보기도 했다. 그중 내가 직접 창작한 글 하나를 출력하여 구두 닦는 분에게 읽어 보시라 드렸다. 그분은 20층이나 되는 이 건물 모든 회사 임직원 구두를 혼자 닦으시는 억척 사나이였다. 내 글이 괜찮다고 여겼는지 위의 보안업체 부사장에게 한 부 복사해서 전달했던 모양이다.

옛날부터 지네와 애벌레는 친구였다. 매일 만나고 시도 때도 없이 어울리는 단짝이었다. 그러던 어느 날 멋있는 날갯짓을 하며 나비 한 마리가 지네에게 날아왔다.

"안녕, 친구야?"

"누구, 나? 넌 누구니?"

지네는 나비를 알아보지 못했다. 지네의 친구는 날개를 가지지 않고 그냥 꼼지락꼼지락 온몸으로 기어 다니는 애벌레였기 때문이다. 무슨 이유인지 지금 처음 보는 나비가 자꾸만 친구라고 우긴다.

"예전의 나는 이제 이렇게 바뀌었어. 여전히 난 너의 친구야."

아무리 설명을 해도 지네는 알아듣지 못했다. 마침내 그런 지네에게 나비가 물었다.

"넌 발이 많아서 항상 빠르게 걷잖아. 그럼 걸을 때 어느 발부터 제일 먼저 나가니?"

"그건 뭐 생각할 일도 아니지!"

발을 떼려는 순간 지네는 멈칫했다. 평소 걷는 일 하나는 자신 있다고 생각하던 지네가 나비의 질문을 받는 순간 한 발도 움직일 수 없게 되었다.

"결재 사안이 많아 안 그래도 복잡했는데 생각을 정리할 결정적 단초를 주셨습니다."

"영광입니다."

"상황실이란 게 뭡니까? 우리 회사에서도 그걸 추진하려고 기획 중인데요."

"그렇습니까?"

소 뒷걸음치다 뭐 밟은 격이라도 이렇진 않으리라. 세상에 어떻게 이런 일이. 속사포처럼 자료를 꺼내 한 치 머뭇거림 없이 설명해 드렸다. 그렇게 그날은 그게 다다. 회사와 제품 소개를 마친 뒤 차분하고 정중하게 인사드리고 나왔다. 그랬던 그다음 주에 곧바로 양사 사장단 회의가 열렸다. 향후 양사 업무 협약을 맺는 MOU(양해각서) 조인식이 일사천리로 진행되었다. 상황실 단일 규모 2억 원에 4/4분기 매출 부족분 20억 원을 끌어오는 일이 불과 한 달 사이에 떡하니 진행되었다. 영업부 한 팀이 몇 달을 해야 올릴 매출을 순식간에 이뤄낸 순간이었다.

"이 공을 어 과장에게 돌려야 합니까? 구두 닦으시는 분에게 돌려야 합니까?"
"어 과장의 글이 큰 역할을 한 건 분명합니다!"

양사 사장님들이 그렇게 덕담과 환담을 나누고 있었다. 영업 사원에게 매출에 대한 압박은 실로 크다.
해외 영업을 맡고 있는 나로서는 매출에 대한 심리적 압박은 다소 적었지만 결코 자유로울 수만은 없었다.
영업본부장에게 굳이 보고하지 않더라도 이 사건은 이미 전사에 다 퍼져있는 '일화'가 되었다. 내게는 평생 은인과도 같은 구두 닦으시는 분은 나중에 내 결혼식에도 와 주었다. 사장님이나 본부장님은 그 후로도 오랫동안 두고두고 그때 그 사건을 회자했다.
 내가 한 일은 별로 없다. 단지 글을 썼을 뿐이다. 내가 쓴 글도 재미나게 읽어줄까 그게 몹시 궁금했을 따름이다. 생각만으로 멈추지 않았고 직접 실천해 보았다. 지네처럼 첫발을 움찔거리지 않았고 과감하게 내디뎌 보았다. 글을 쓰겠다는 희망. 내 글을 쓰겠다는 열정. 그 간절한 소망이 회사 생활한 지 얼마 되지 않는 과장 한 사람의 입지를 바꿔 놓았다. 영업한답시고 명함도 못 내밀 초라한 실적 앞에 해냈다는 당당함을 안겨주었다. 글을 쓴 작은 일 하나가 나를 살아나게 했다. 눈에 보이지 않는 작은 한 사람 한 사람의 마음이 보태져서 엄청난 일로 바뀐 일대 사건이었다.
 글쓰기를 가까이 할 수 있어 생긴 일이었다. 글쓰기를 멈춘다는 생각은 감히 품을 수가 없었다. 바라고 한 일은 아니지만 바라던 일이 생겨나고 보니 새삼 글을 쓴다는 게 무엇인지 한참 생각하게 만들었다. 달리 복잡하게 여길 필요 없다. 글은 희망으로 쓴다. 희망의 글은 열정에서 나온다. 글쓰기를 끌어안아 가까이하고 볼 일이다. 덮어놓고 글쓰기를 물리치지 않는다면. 무작정 내치지만 않는다면.

03 / 행복을 부르는 글쓰기

오랜 기다림 끝에 오는 일들은 대개 그냥 오지 않는다. 반드시 뭔가를 데리고 온다. 그 '무엇'이 바로 행복이다. 일일이 확인해 본 적이 없어 보편적이라 단정 짓지는 못하지만 적어도 나에게는 사실이다. 그런 행복 중에서 유일하게 예외인 때가 딱 한 번 있다. 바로 결혼이 그렇다. 다른 건 맘대로 하겠는데 결혼 그것만은 뜻대로 되지 않았다. 늦은 나이까지 공부하느라 사회생활이 늦었고 바라는 직장에 들어가겠다고 바락바락 고집 피우는 통에 직장 생활마저 늦었다. 어느덧 내 나이 서른 하고도 여섯이 되는 해였다.

"성호 씨, 누구 만나는 사람 있어요?"
"아뇨 없습니다만. 어쩐 일로……?"

이제 더 이상 소개 들어 올 곳도 없다 마음 고쳐먹고 그저 회사 일에만 파묻혀 지내던 어느 날이었다. 대학교 동아리에서 같이 활동했던 친구 부인에게서 휴대전화로 연락이 왔다. 지칠 대로 지친 내게 전혀 기대하지 않았던 전화 한 통이었다. 있다 해도 없다 해야 할 판에 가뭄 끝에 내리는 단비요 물어주는 말 한마디가 말라 죽은 나무에 피는 꽃보다 반가웠다. 그렇게 한 사람을 서른여섯 봄에 소개받았다.

많지는 않지만 그래도 몇 사람 만나다 보니 터득한 게 하나 있다. 공연히 헛물켜다 혼자 상심하지 말라는 주의 경고문이다. 절대 상대방 마음 상태를 확인하지 않고 혼자 앞서가지 말라는 신중함이 몸에 꽉 배게 되었다. 아는데도 이번엔 뭔가 느낌이 달랐다. 그렇다 치더라도 그럴수록 더 내색하지 말아야 했다. 나름 조심조심 한여름에 살얼음판 걷듯 두 철을 보내고 가을로 접어들 무렵이었다.

"더 늦기 전에 말할게요. 성호 씨, 그냥 오빠 동생 사이로 지내면 어떨까요?"
"그럴 생각 전혀 없습니다. 결혼할 사람이라야 합니다. 빨리 결정하세요."

알콩달콩 재미나게 데이트를 즐기며 관계를 발전시켜 나가고 있는데 뜬금없이 한마디 훅 들어왔다. 참으로 어정쩡하고 머쓱하게 일이 꼬였다. 한순간에 산통 다 깨지는 날이었다. 참으로 불편하고 어색한 분위기가 연출되었다. 되려면 되고 안 되려면 안 되겠지만 다행인지 불행인지 마침 그때 해외 장기 출장까지 잡혀버렸다. 어색함이 소강상태가 되면 차라리 소원해진 그 틈으로 사이가 조금씩 회복되지 않을까. 미련을 남겨 두고 내키지 않은 발걸음을 비행기로 돌려 출국했다.

안녕하세요?

라마단이 시작되는 첫날 여러 재미있는 풍경들을 보면서 출장을 시작했습니다. 사장님뿐만 아니라 같이 온 차장님, 외국인 동료까지 모두 긴장할 대로 긴장한 모습을 연일 유지하면서 다 같이 신경이 곤두서 있습니다. 말로 표현하기 힘든 피곤함을 누르면서 애써 웃음 짓는 표정들이 역력하지만 말없이 서로를 다독이는 느낌이 있어 한편으로 위로가 됩니다.

그래도 참 평온하게 느껴집니다. "보고 싶어요!"라는 한마디 목소리의 힘이 이 순간만큼은 내 마음을 평화롭게 합니다. 좀 전에 마신 사우디 커피 향을 음미하면서 이 맛을 그대에게도 마시게 해 주고 싶다는 생각이 그득합니다.

지금 밤이 너무 깊어 나지막이 속으로만 그대 이름 한 번 크게 불러 봅니다.

사랑합니다.

2003년 라마단 이틀째를 맞이하는 사우디의 새벽에.

너무 보고 싶고 생각이 나 휴대전화로 연락을 했더니만 분명히 "보고 싶다."고 했다. 단지 출장 간 사람의 마음을 편하게 해 주려고 그러지는 않았을 텐데. 한창 데이트를 즐길 때 출장을 왔으니 서로가 아쉬운 마음은 끝이 없었다. 하루 일을 마치고 호텔로 돌아와 편지를 썼다. 마치 여자 친구가 옆에 있는 듯 오늘 보낸 하루 일들을 조곤조곤

썼다. 전화보다 글이 주는 힘이 생각보다 세다는 걸 나는 알고 있다. 출장을 마치고 돌아갈 때쯤이면 아마 받아 보았겠지. 기다리며 배달되는 동안 나의 마음까지 같이 녹여낼 수도 있겠지. 어쩌면 진심도 함께 담아 가 줄지 모른다.

"자주 연락 없어 걱정되었어요. 막상 편지를 받고 보니 마음이 흔들리는 걸 느꼈어요."

짧은 편지 한 통이 사람 마음을 바꿀 수 있다 큰소리치지는 못한다. 돌아와 다시 만났을 때 반가워하던 그녀 표정은 지금도 잊을 수 없다. 그렇게 우리 관계는 회복되었고 그해 겨울 결혼했다. 한때 나를 심란하게 했던 그 여자 친구가 지금 나의 아내가 되었다.

시간이 지나 결혼 일주년이 되었다. 남자는 무슨 선물을 할까 여자는 무슨 선물을 받을까 대개 걱정과 기대가 많다. 선물은 마음의 선물이 최고다. 그럼에도 그보다 더한 선물은 따로 있다. 세상에 하나밖에 없는 선물이 전해진다면 받는 사람으로서는 더할 나위 없이 좋아하게 된다. 그 두 조건을 동시에 만족시킬 수 있는 최고의 선물. 세상에 하나뿐인 내 사랑하는 사람을 위해 나는 처음 만날 때부터 이미 조금씩 조금씩 준비해 두고 있었다.

누구나 주고받는 아주 흔한 걸 우리 두 사람도 주고받았다. 영화도 보러 갔고 공연도 보러 갔다. 등산도 하고 같이 여행도 갔다. 이메일과 문자도 주고받았다. 편지도 더러 썼다. 그 사이사이에 주고받은 모든 글들과 인쇄물을 출력하여 바인더에 가지런히 정리했다. 물론 거기에는 프러포즈 때 연주 음악으로 사용한 악보도 있었으며 결혼식 때

읽은 축시도 들어 있었다. 결혼사진을 표지에 넣고 '우리의 결혼 이야기'라 제목 붙였다. 결혼 일주년 기념으로 꽃과 함께 조심스레 건네주었다. 엄청난 걸 기대했는데 시답잖다고 타박하면 어쩌나 퍽이나 긴장하면서.

"너무 고마워요. 사랑해요, 여보!"

걱정은 기우였다. 아내는 대만족이었다. 늦은 나이에 결혼했다는 기억은 아득하게 사라지고 대신 그 자리에 행복이 찾아들었다. 오랜 기다림 끝에 오는 일들은 결국 행복을 거느리고 온다는 사실이 이번에도 여지없이 맞아떨어졌다. 내 인생에서 글쓰기야말로 행복을 표현하는 최고의 방법이 되어주었다. 글쓰기가 결혼을 만들어 준 건 아니지만 결혼으로 이어지게 하고 결혼 후 행복을 가꿀 수 있도록 해 준 건 분명하다. 마음을 다해 썼으니 마음이 나타났고 진심을 담아 썼으니 진심이 드러났다. 글을 쓰다 보니 나도 모르게 최고로 행복한 순간에 와 있음을 느낀다.

글쓰기의 기쁨은 잠시 왔다 가지 않는다. 두고두고 우리 두 사람을 오래 행복으로 천천히 물들이고 있다. 글쓰기가 안겨준 행복은 장기간 지속된다. 일시적 느낌이 아니다. 일시적 느낌이 아니면서도 기쁨과 행복의 상태를 오랫동안 꾸준히 이어주는 글쓰기. 글을 쓰면 행복한 사건만 행복으로 남지 않는다. 지내면서 일어나는 크고 작은 일들을 글로 잘 써 놓기만 해도 언제까지나 최고의 행복을 반복해 느끼며 살아갈 수 있게 된다.

04 / 꾸미지 말고 솔직하게 써라

"어 부장. 전국에 있는 금형 다 빼야 해!"
"금형을 뺀다는 이야기는…?"
"몇 주가 걸릴지 모를 일이야."
"이걸 어떻게 무슨 수로 다 뺍니까?"

영업본부장이 지금 업무 지시를 내렸다. 종전과는 딴판으로 사뭇 말의 무게감에 큰 차이가 난다. 이번만큼은 결코 단순한 사안이 아니다. 평범한 일상 업무와는 다르다. 그러면서 법인 카드를 내게 건네주었다. 별일이 아니고서야 법인 카드를 줄 일은 없다. 본부장의 표정이 굳다 못해 얼었다. 업무 성격상 본부장이 할 일은 아니지만 그 누가 맡아도 이건 분명히 '고양이 목에 방울 달기'였다.

도약과 성장을 위해 회사는 상장사를 인수했다. 인수사 주종목은 컴퓨터 모니터. 한때 대기업을 압도할 정도의 제품력과 기술력을 보유하였으며 전 세계 모니터 시장에서 10% 미만대 시장점유율을 보인 저력 있는 회사였다. 인수할 당시 경영 악화로 주종목의 권위가 많이 추락한 상태였다. 어떻게든 기사회생의 돌파구를 찾으려 애썼지만 만만치 않았다. 결국 주력 제품 이외에 매출 하락을 보이는 제품군들은 철수하기로 경영회의에서 결정되었다.

말이야 단순하게 금형을 빼서 한 곳에 집결시키는 일이지만 내용은 그리 간단치 않다. 회사만 믿고 제품을 납품한 관계사와 협력사들에게 아직도 장·단기 미지급금이 엄청나게 밀려 있는 상태였다. 기존 회사의 성장만 믿고 일했다가 경영 악화가 되었을 때 미결제 금액이 있는 회사는 분통만 삭이고 있었을 게 뻔하다. 새 주인이 나타나 인수 합병 절차가 개시되었을 땐 또다시 '관계 개선이 될까?' 그 한 생각만 염두에 두고 있었을 게다. 물론 대금 회수를 위해서는 당연히 호시탐탐 결제 기회만 엿보고 있었으리라.

이런 판국에 느닷없이 대금보다 더 가치를 지닌 금형을 빼겠다는 통보는 상호 관계를 접자는 선포와 다를 바 없다. 향후 거래 관계는 이것으로 종식된다는 암시를 깔고 들어가야 하는 일이다. 어제까지 '을'이었던 회사에 '갑'인 우리가 머리를 조아리고 꿇고 들어가야 하는 상황으로 돌변했다. 하루아침에 적진의 소굴로 '죽었네!' 외치고 낮은 포복 자세로 엉금엉금 조심스럽게 다가가야 하는 일로 바뀌었다.

"말도 마십시오. 업체들 그냥 안 있습니다."
"어떻게 되는데요?"
"멱살 잡힙니다. 재떨이 날아옵니다."

예전부터 일을 맡아 왔던 김 차장이 하는 말은 괜한 엄포가 아니었다. 실제로 그랬다는 선례를 가감 없이 그대로 들려주었다. 그러면서 덧붙였다. "그냥 고개 숙이고 '죄송합니다!' 말밖에 없습니다." 묘수가 아니라 별수가 없다는 이야기다. 어떤 꼼수나 사탕발림도 통하지 않는다 이른다. 출장은 다음 주이고 공문은 이미 발송되었다.

누군가는 가야 한다. 그 누군가는 완수해내야만 한다. 회사에서는 '과정'을 보고받으려 하지 않는다. 우는 소리, 하소연하는 소리는 보고 받는 사람도 귀담아듣지 않는다. "그래, 수고 많아!"라는 말은 격려 차원에서 그냥 해 보는 소리에 지나지 않는다. 회사에서 원하는 건 "그래서 어쨌다는 거야?" 물음에 짧게 '결과'만 보고하면 끝나는 일이다. 주저리주저리, 미주알고주알 읊어대는 사람만 피곤할 뿐이다. 이 모든 상황을 머릿속에 꿰차고 있는 나는 또 한 번 여기서 어떤 운신의 폭이 남아 있을까. 나아갈 수도 물러설 수도 없는 진퇴양난이었다.

안녕하십니까?

받으신 공문에서 보시듯 회사의 정황은 이미 알고 계시리라 믿습니다. 제가 회사의 대표는 아니지만 대표의 임무를 띠고 뵈러 가고자 합니다. 지난 오랜 세월 회사를 믿고 협력 관계를 유지해주신 사실은 잘 알고 있습니다.

나름 비장한 각오로 출발하려 합니다. 어떠한 말씀을 하시더라도 들을 준비가 되어 있습니다. 질책하시면 질책받겠으며 조언 주시면 조언 구하겠습니다. 믿고 받아주신다면 잊지 않고 기억하겠습니다.

오늘 이 상황에 이르게 되기까지 우여곡절이라 치부할 수도 있겠으나 지금부터 향후 벌어질 일은 저희들 몫으로 여기겠습니다. 먼 미래를 바라보며 사업 구상을 할 수 있도록 협조 부탁드리겠습니다.

어떻게 이 신경을 거슬리지 않게 쓸까. 공문처럼 딱딱하게 쓰면 안 되는데. 이 단어가 거슬릴까. 이 문장이 화를 돋우지 않을까. 썼다 지우기를 반복하며 수십 번도 더 고치고 다듬었다. 처지 바꿔 놓고 생각해 보면 이러든 저러든 무슨 수를 써 봤자 화낼 건 뻔한 일이다. 과연 단어 하나 갖고 시비 걸까. 어법 안 맞는다고 트집 잡을까. 나라도 그쯤 되면 괘씸하다며 뭘 티끌 잡든 어느 걸로도 다 생떼 쓸 건데. 당장 유리한 패는 내 손에 있지 않다는 게 문제였다.

생각나는 대로 썼다. 생각하지 않고 썼다. 이것저것 가리지 않고 썼다. 이 말 저 말 섞어대지 않았다. 재고 붙이면 화만 돋우게 된다. 최대한 진심으로 공손하게. 그 하나만 염두에 두고 썼다. 그러고는 보냈다. 일정이 임박해 어떤 곳엔 불가피하게 메일로, 어떤 곳엔 우편으로 발송했다. 또 어떤 업체로 갈 글은 직접 출력하여 바인더에 정중하게

보관했다. 인터넷으로 받았든 우표딱지 붙여 받았든 설마 그런 걸로 시비 걸 분들이 아니란 일쯤은 미루어 짐작한다.

"안녕하십니까?"
"새로 오신 분이신데 이쪽 일 잘 모르시죠?"
"죄송합니다!"
"그런데 쓰신 분이 직접 오셨습니다."

몰랐다. 진짜 이쪽 일은 몰랐다. 아직 제품 사양이나 모델명도 다 파악 못 했는데 금형 반납은 언급조차 힘들었다. 본사에서 영업 담당 부장이 온다 했으니 업체 사장님들도 최대 예우로 맞이해 주었다. 어떻게 된 건지 처음 간 업체에서부터 곧바로 내가 쓴 글에 대해 언급해 주고 있었다. 공문이야 공문이려니 간주했는지 언급조차 하지 않았다. 아직도 남아 있는 감정과 애틋함을 최대한 억누르고 있음을 대화 중에 감지할 수 있었다. "뜻밖입니다. 이렇게 말씀해 주신 일도 그렇고 직접 와 주신 일도 그렇고." 무엇보다 글을 쓰면서 가졌던 진정성이 조금이나마 전달되기를 바랐는데 그들은 내 글을 읽으면서 글보다 마음을 헤아려 주고 있었다. 재떨이 맞을 각오하고 갔는데 운 좋게 커피 대접을 받고 나왔다.

업체는 업체끼리 서로 또 정보를 공유하는 법. 다음 업체도 그다음 업체도 전혀 뜻하지 않게 순탄한 출장길을 이어가고 있었다. "타 업체로부터 다 들었습니다."라며 반기듯 맞아 줄 땐 오히려 내가 무안해질 지경이었다. 저녁에 술대접하겠다는 업체뿐만 아니라 숙소까지 잡아 뒀다는 업체도 있었다. 심지어 서울 가서 만나자고도 했다. 근처 지나면 꼭 다시 들르시라 다짐받듯 손을 잡아준 업체도 있었다.

"금형 반납 임무 완료. 보고 끝!"

임무는 끝났다. 전쟁 치르러 간다는 섬뜩한 각오로 나선 출장길이었다. 무혈입성으로 시작하여 쾌도난마로 전개해 전승무패로 상황을 종료했다. 무엇이 어디서 어떻게 '시작'을 엮었는지 모른다. 회사도 놀랐지만 내가 더 놀랐다. 생각만 해도 아득하다. 마음 다해 쓴 몇 줄 글이 하나도 유리한 점 없는 '조건'을 조금도 나쁘지 않은 '상황'으로 급반전시켜 놓았다.

급할수록 돌아가라 했다. 흥분할수록 침착하라 했다. 잔꾀를 부리거나 멋쩍게 빠져나가려고만 했다면 분명히 크게 그르쳤을 일이었다. 피하지 않고 받으려 했다. 곧바로 받을 수 없으니 충격을 최소화하려 했다. 아무렇게나 될 대로 되라 식이 아닌 마음에서 우러나는 그대로. 하나도 거짓 없이. 그렇게 마음을 담았으며 그대로 글에 옮겨 심었다. 가식 없이 솔직하게 쓴 글이 화가 나서 열기 어려운 사람들 마음을 소리 안 나게 활짝 열어 주었다.

05 / 소리 내어 읽고 싶은 글을 써라

　떠나는 일과 떠나보내는 일. 어느 쪽이 더 애잔할지는 내가 어느 곳에 속해 있느냐에 따라 다르다. 아무리 남이 뭐라고 해도 내가 겪는 이별이 제일 아프고 내가 당하는 아픔이 제일 크다. 회사를 떠나본 사람은 퇴사자의 심정이 얼마나 처참한지 안다. 조직에 있을 때는 조직의 힘을 모른다. 스스로 박차고 나오지 않는 이상 회사에서 '떠나라!' 했을 때 억장이 무너지는 듯 오만 가지 생각이 퇴사자의 뒷걸음을 잡아끈다는 사실을 모른다.

　'나가라!' 등 떠미는 회사도 괴롭기는 마찬가지다. 모범사원, 우수사원, 능력사원. 재직 시에는 촉망받으며 박수 받고 지냈어도 어느 날 어느 순간 어떤 날이 닥칠지 종잡을 수 없다. 큰 잘못도 없는 일꾼을 하루아침에 사직시켜야 한다면 회사로서도 이만저만한 손실이 아니다. 회사에서 인원 감축에 들어가야 하는 이유가 경영 악화인 경우에는 노사 양측이 서로 섣불리 말을 못 꺼낸다. 가는 사람은 가는 대로 힘들고 남은 사람은 남은 대로 힘들다.

"어 부장. 한 번 더 다녀와야 되겠어."
"이사님. 이건 아무래도 이사님께서……."
"알잖아. 내가 가기에는 아무래도 좀."
"알겠습니다."

금형 반납을 끝내고 나면 한숨 돌릴 여유는 있을 줄 알았다. 신기하게도 회사 일은 해도 해도 매일 새로운 일들이 생겨난다. 전에 없던 더 큰 일이 복병처럼 기다리고 있을 줄은 몰랐다. 회사가 소유하고 있는 제조공장 두 군데 중 한 곳을 매각 처리한다는 발표가 나왔다. 동시에 재직 인원 또한 전원 사직 수순을 밟게 된다 했다. 본사 차원에서 결정된 사안이니 어느 정도는 방침이 전달된 뒤였다. 그래도 직접 공장을 방문하여 위로와 격려를 하는 게 최소한 인간적 도리이자 떠나는 사람에 대한 예우라 생각했다.

다만 이런 일이라면 영업본부장인 이사가 가는 게 합당하다고 생각했다. 암만 날이 가도 왜 출장 언급을 하지 않나 했더니 결국 나더러 이번에도 해결하라는 지시가 내려왔다. 지시가 뭔지 이번에는 좀 달랐다. 겉으로는 지시인데 내용은 부탁이었다. 지시라면 당당해야 하는데 지시 내리는 이사 표정이 살짝 겁먹은 표정이다. 겁나기는 나도 마찬가지인데 나보다 더 안절부절못하는 기세가 역력했다. 아무리 부탁이라 하더라도 이런 일에 잘못 나섰다가는 회사가 낭패를 볼 수도 있다. 부장이 낄 자리가 있고 이사나 나설 자리가 엄연한데.

어영부영 대답은 했다. 안 하려야 안 할 방법이 없다. 이사와 나 둘 중 한 사람은 가야 하는데 아랫사람인 내가 윗사람에게 지시를 내릴 수는 없는 노릇이다. 그렇다면 내가 가는 수밖에 없었다. 결론은 나왔는데 이렇게 생각을 뒤집고 저렇게 생각을 뒤집어도 방법이 나오질 않는다. 제일 만만하면서도 급할 때 가장 큰 힘이 되는 김 차장에게 물어 보았다.

"김 차장님. 상황이 이렇게 됐는데 어쩝니까?"
"방법 없죠, 뭐. 최선을 다해 부딪쳐 봐야죠."

무엇을 어떻게 다한단 말인가. 더 답답했다. 위로도 아래로도 도와줄 사람 하나 없고 믿을 사람 하나 없었다. 주어진 거라고는 공장까지 걸어가지 않도록 배려해 준 법인차량 한 대와 요긴할 때 쓰라고 쥐어준 법인카드 한 장이 전부였다. 이것으로 공장장 이하 그 많은 직원들을 이해시키고 설득시키고 오라 한다. 불가능이다. 불가능이기 이전에 수행 불가한 임무다. 그렇다고 명령 불복을 할 수도 대답을 번복할 수도 없는 상황이다. '받아들여야 한다' 몇 번이고 머리에 세뇌시키고 각인시켰다.

찌개를 끓이다 보면 국물이 바특해지고 결국 졸아붙게 된다. 지금 내 처지가 졸아붙은 찌개 신세다. 이미 찌개 본연의 맛은 사라진 지 오래다. 오후 회의. 공식적이든 요식적이든 일단 할 건 해야 하고 갖출 건 갖춰야 한다. 서너 시간 회의가 이어졌다. 몸은 설명하는 전방을 향해 있지만 시선은 멈추지 않고 이리저리 두리번거렸다. 직원들 눈빛을 마주치지 않으면서 동태를 살피느라 잠시도 한곳에 고정시킬 수가 없었다. 여기서 마무리하고 제발 돌아갔으면 바라던 그때였다. "어쨌든 여기까지 오셨는데 저녁이라도 하시죠."라는 소리가 들렸다. 저녁 자리가 식사 자리든 술자리든 가시방석일 텐데 이 한 번의 난관을 또 어떻게 헤쳐가야만 한단 말인가.
30여 명 모두 자리에 앉자마자 생각해 오던 방식으로 밀고 나갔다.

말하지 않아도 무슨 말할지 뻔한데 아쉽고 힘겨운 시간만 서로 버리고 있을 수는 없는 노릇이었다. 안주도 없이 한 사람 한 사람 돌아가면서 소주잔을 주고받았다. 무릎을 꿇고 정중하게 웃음을 잃지 않고 일 순 배했다. 정신이 어질했다. 아찔한 그 순간에도 정신을 가다듬었다. 지금 내 앞에 있는 사람들은 자신들 청춘을 바쳐 지낸 정든 직장을 떠나야 한다. 잠시 휘청거리는 정신이 이 사람들 앞에 똑바로 곧추서지 못하면 참으로 송구스러운 어리석음을 범하게 된다. 막 그런 생각으로 취기를 가다듬으려는 그때 한 분의 손이 나를 잡아끌었다.

"부장님. 잘 읽었습니다. 다른 사람 대신해서 제가 다시 한번 읽어 보겠습니다."

> 오면 한 번은 간다지만 떠나기 싫고 가기 싫은 곳.
> 정들 새도 없이 애꿎은 시간만 갔습니다.
> 만날 적엔 기약이 없었다 하지만
> 떠날 적엔 약속 하나 두고 싶습니다.
> 다음에 만날 때는 제가 먼저 아는 척하겠습니다.
> 물리치지 마시고 손잡아 주십시오. 그러면
> 제가 술 한 잔 사겠습니다. 부디 건강하십시오.
> 사랑합니다.

공장으로 내려오기 전에 익히 아는 몇몇 분들에게 문자를 보냈다. 회사를 떠나본 적이 없는 내가 참담한 심정을 헤아리기는 어렵겠지만 마음만은 같이 하고 싶었다. 기혼자는 기혼자대로 혼자인 사람들은 혼자인 대로. 다들 살아가는 형편이야 다르겠지만 울컥하는 기분만은 같지 않겠는가. 일러주지 않아도 알 수 있고 보여주지 않아도 넘겨짚을 수 있다.

가진 게 없으니 줄 수 있는 게 없고 보일 게 없으니 미안한 표정밖에 지을 수 없다. 없는 게 자랑은 아니지만 그래도 뭔가는 하고 싶었다. 실없다 속없다 소리 듣는 한이 있어도. 나를 나무라더라도 좋다. 나 혼자면 되니까. 다만 회사를 욕하지만은 말아줬으면 했다. 그래도 회사는 건재해야 하니까. 나는 그 역할만 하면 그걸로 됐다.

사소한 문자 글 하나가 무슨 대수겠는가. 내가 보낸 그 사소함으로 잠시나마 위안을 삼고 허허롭게 웃어줄 수 있다면. 눈물 흘릴 날에 미소 한 줌 짓게 해서 보낼 수 있다면. 나는 그걸로 됐다. 임무 수행하러 왔다가 내가 배우고 간다. 내가 마음 바로 쓰면 남도 마음 바로 쓴다는 이치를 배웠다. 소리 내어도 소리 지르지 못하는 이에게 소리 내어 읽어도 좋을 글 하나 보냈으니 나 또한 가벼운 마음으로 돌아가리. 모든 일들이 지나고 보면 그렇게 숨죽여 지내지 않아도 되는데. 그때는 왜 또 그랬을까 하면서.

06 글쓰기로 진정한 자유를 느껴라

입사 후 첫 월급을 떠올리면 지금도 설렌다. 이제 번듯한 직장에 왔겠다 월급도 얼추 되겠다. 그럼 무엇을 해야 하나. '회사가 나를 위해 이만큼 준다면 나도 회사를 위해서 쓰겠다.' 그렇게 생각하며 휴대전화기를 바꾸고 PDA(개인용 정보 단말기)를 샀다. 영업사원이 영업 무기가 부실하면 될 영업도 안 된다. 지금이야 스마트폰이 있지만 당시 휴대전화기 기능이라고 해봤자 문자에 이모티콘 실어 보내는 정도가 전부였다. 개인정보 관리는 대부분 아웃룩 익스프레스를 쓰는 정도였다. 그 정도로는 성에 차지 않았다. 나만의 특수 무기가 필요했고 남들이 구비하지 않는 PDA를 장만했다.

보통 청첩장이 오면 책상 위 한쪽에 뒀다가 날짜가 지나면 휴지통에 휙 버리는 게 대부분이다. 나 같은 경우는 좀 다르다. 명색이 영업사원 아닌가. 남들과 색다른 영업을 하려면 독특한 영업 전략과 전술이 있어야 한다. 전략은 면접 때 이미 "영업을 예술의 경지로 끌어올리겠다." 선언했고 이제 그에 걸맞은 전술이 필요하다. 일단 청첩장에 적힌 예식 장소와 날짜, 신랑 신부 이름을 PDA에 입력한다. 필요에 따라 양가 부모님 성함도 적는다. 일찍 부모님이 돌아가셨거나 결혼하

기까지 부모님과 깊은 사연이 있을 경우엔 그 또한 중요하다.

한 사람을 안다 함은 그 사람을 둘러싼 전부를 알아야 비로소 알았다 할 수 있다. 꽤나 불편하게 느낄 수도 있는 개인 신상을 우리나라에서만큼은 아직도 묻고 답하기에 관대한 편이다. 시작은 내 가까이 있는 팀원부터였다. 개인 휴대전화기 번호, 집 주소, 생일 등은 보란 듯이 사내에 공유되어 있다. 그러면 차례차례 하나하나 입력한다. 혼자 살면 혼자 사는 대로, 결혼했으면 한 대로. 이제 막 결혼했다면 더욱 이야기는 재미있어진다.

"이 대리, 제수씨 이름이 외자던데? 축하해. 결혼식 꼭 갈게."
"청첩장 주소 보니 신접살림인가 보네. 회사랑 별로 안 먼데?"

그냥 축하만 한다면 밋밋하다. 이름을 불러주면 호감도 관심도 서로 증폭된다. 아는 체했으니 이제 결혼에 얽힌 어떤 질문을 해도 술술 알려준다. 마음먹고 장만한 첫 신혼집은 어지간해서는 몇 년간 이사하지 않는다. 이 점이 유효할 때는 또 따로 있다. 결혼식장이나 집들이 때 가기 전에 꼭 PDA를 다시 열어보고 간다. 당사자들 이름을 반드시 불러주어야 하기 때문이다.

한 사람만 해도 일 년에 각종 기념일들이 좀 많은가. 때로는 본인도 기억 못 하고 지나칠 뻔하는 경우가 허다하다. 그렇지만 나는 기억한다. 아니, 기억하고 싶었다. 결코 내가 기억하지 않는다. 나의 비서가 그 모든 걸 기억해 두고 있다. 바로 PDA가 수행 비서다. 가깝고 먼 정도에 따라 준비하는 선물이 달라진다. 당사자와 배우자 생일은 물론 결혼기념일도 입력한다. 심지어 상가를 다녀오면 기일까지 전부 입력해 둔다. 아기를 낳으면 사내 게시판을 통해 몇 월 몇 일, 성별까지 친절하게 득남 득녀 소식을 알려준다. 이 좋은 정보를 결코 놓칠 수 없다. 개월 수에 맞춰 기저귀를 선물하고 입학과 진학에 맞춰 다양한 선물들을 준비한다.

세상에서 가장 싸고 값진 선물이 '책'이다. 이보다 더 싸고 가치 있는 선물이 친필 글, 일명 '손글'이다. 이 둘을 적절히 조합하고 배합한다. 상품권도 있고 각종 공연 티켓도 있다. 식사도 있고 음주도 가능하다. 문자나 이메일로 가볍게 축하해 줄 수도 있고 책을 사서 사인을 멋있게 해서 줄 수도 있다. 기대하지도 않았는데 돌잔치 선물로 점퍼가 집으로 배달된 날은 난리가 난다. 몇 년이 지나 큰아이가 초등학교 들어갈 때는 문구 세트가 택배로 배달된다. "세상에 어떻게 이런 걸 다 기억하고 보낸답니까?" 입이 귀밑까지 벌어져 함박웃음을 연신 보내온다. 분명히 말하지만 나는 그냥 기획만 한다. 실행은 나의 전담 비서가 척척 알아서 한다. 그렇게 가까워지다 보면 별별 일들이 다 생겨난다.

"그 사람 요새 맨날 늦어요. 생일이 다가오는데 좋은 방법이 없을까요?"

"산후우울증인가 봐요. 출산하고 집사람이 되게 힘들어해요."

"아이를 유치원에 보냈는데 영어를 재미있어해요. 추천 교재 있으시면 좀."

이제는 내가 편하게 느껴지나 보다. 처음 만나면 샌님 같다는 사람도 있고 차가운 인상이라는 사람도 있다. 그러다 하는 걸 봐서는 전혀 그렇지 않다는 게 중론이다. 그렇거나 말거나 문의가 들어온 의뢰 건은 결코 마다할 내가 아니다. 적극적으로 나서서 돕는다. 전혀 방부제 하나 쓰지 않고 말 없고 탈 없는 부작용 제로 처방전을 조제한다. 방법은 정해져 있다. 재미있고 신나게만 만들면 된다. 이왕 할 바엔 추억에 남을 만한 농도 짙은 걸로.

"정말 고맙습니다. 주신 선물 받고 집사람이 어제 울었습니다. 아이들 생각하며 써 주신 글을 코팅해 나중에 애들에게 꼭 보여 줄 겁니다."

고등학교 졸업하자마자 일찍 사회생활을 시작한 팀 막둥이였다. 언제 봐도 생글생글 힘들어도 꿋꿋하게 지내는 믿음직스러운 친구였다. 스물 갓 넘어 결혼해 성실하게 살아왔다. 생활이 안정되면 아이를 갖자 하였는데 직장이 그다지 마음에 들지 않아 몇 번 전직했다 말했다. 우연히 나와 한 팀으로 일하게 되면서 이것저것 배우며 제대로 직장생활을 즐기고 있노라 했다. 여태 아무도 챙겨주는 사람 없었고 본인도 가정에 알뜰살뜰 돌보지 못했는데 겨울 외투와 상하 내의를 받고 보니 감격한 모양이다.

"외근 갔다 땀에 절어 사무실에 왔을 때 생일 선물로 준 찻잔 세트를 보면 스트레스가 다 풀린다. 성호 네 마음이 보인다."

직장 생활 내내 100퍼센트 영업 통으로 지낸 친구가 있다. 몇 번 직장을 옮기는 사이 적잖이 마음고생이 컸던 친구였다. 입이 무거워 말은 많지 않지만 언제나 만나면 나보다 먼저 몰래 나가 계산을 치르는 친구였다. 둘째 아이를 가지려 무던히 애썼지만 지금은 아이 하나로 만족한다 했다. 그런 친구에게 내가 해 줄 수 있는 마음의 위안은 그냥 솔직한 마음을 글로 적어 대신 읽게 하는 일이 전부다. 목련 무늬 찻잔은 그냥 곁따라 갔을 뿐이다.

지금까지 한 번도 회사에 얽매여 살았다고 나는 생각해 본 적 없다. 각자 가정에서 보내는 시간보다 회사에서 보내는 시간이 많은 직원들이다. 일을 맡길 때도 내 하기 싫은 일을 하라 맡기지 않았다. 월급이야 사장이 알아서 줄 테고 나는 내 팀원과 동료들만 챙기면 된다. 편하고 자유롭게 일하라 했다. 적어도 내가 맡은 팀원들은 내 가족처럼 돌보려 했다. 나는 가르쳐 줄 게 없다. 알아서들 잘한다. 괴롭히지 않으니까. 나는 멋진 카리스마는 없다. 그럼에도 다들 기막히게 잘한다. 내 뜻을 아니까. 내가 그들에게 진정 주고 싶은 건 바쁜 가운데에서도 '작은 자유'를 느껴보라는 마음 하나였다.

나는 자유를 느낀다. 남들보다 내가 먼저 자유롭게 살고 싶다. 구속받고 싶지 않다. 내가 묶이기 싫으니 내 동료들을 풀어주고 싶다. 나 한 사람에게 묶이지 말기를. 내가 자유로워지는 때는 그들을 생각하면서 자유롭게 글을 쓰는 순간이다. 회사에서 내가 자유로워져야 그들도 풀어질 테고 그래야 자유롭게 행동할 수 있다.

07
글쓰기로 잃어버린
나를 다시 만나라

　입사 출근 첫날. 회사 근처 가장 가까운 지하철역에서 일부러 내렸다. 곧바로 택시를 탔다. 세상에서 가장 우아하고 멋있게 출근하고 싶었다. "지하 1층에 내려 드릴까요?" 묻는 택시 기사에게 "아뇨, 1층 정문에 내려 주세요." 했다. 당당하게 현관으로 발을 들여놓았다. 이 모두가 사전에 계획한 나만의 절차를 밟기 위해서였다. "땜질하듯 주먹구구식으로 일하지 않겠다. '기준과 원칙'에 따라 일하겠다."는 다짐을 스스로 가슴에 아로새기는 철저한 의식이었다.

　분명히 남이 알면 웃기는 짓이다. 그날 그 작은 의식이 앞으로 지낼 회사 생활에 어떤 영향을 미치게 될지 당시로서는 알 수 없었다. 그냥 혼자 다짐하고 혼자 소신을 지켜내고 싶었다. 그런 맹세 하나 없이 어떻게 장차 큰일을 능히 감당해 낼 수 있겠는가. 업무를 해 보지는 않았지만 나만의 강령 하나쯤은 세워둬야만 할 듯했다. 생활의 지침으로서 행동의 규범으로서.

　세월 따라 진급이 되면서 뭐라 하든 나도 변했고 성격도 변했다. 나는 곧고 싶었지만 때로는 휘어야 할 경우가 있었다. 융통성이라는 미명 하에. 나는 자분자분하고 싶었지만 때로는 휘몰아쳐야 할 경우가 있었다. 리더십이라는 미명 하에. 말로 다 못할 여러 경우를 겪으면서 결코 순탄한 날들만 지속되지는 않았다. 욕심도 생겼고 유혹도 생겼다. 타협도 있었고 회의도 있었다.

겉으로 보이는 나는 바뀌었을지 모른다. 살아남지 않으면 죽으니까. 그럴 때마다 그날의 약속을 떠올렸다. 그럴수록 흔들리지 말자고 다짐했다. 외모로 드러나는 나는 볼품없을지 모른다. 만만해 보이지 않으면 이기려 드니까. 그럴 때마다 그날의 결심을 기억했다. 그럴수록 반드시 지키자고. 더러 많이 힘들었다. 그래도 깡으로 버텼다. 더러 참기 괴로웠다. 그래도 악물고 이겼다. 남에게 져주는 건 괜찮지만 나에게 지는 꼴은 용서할 수 없었기 때문이다.

"어 과장. S 통신 유지보수 계약해야 하니까 제안서 좀 찾아 놔!"
"찾아봤는데 다들 없답니다."

외근 나간 영업본부장이 다급하게 외쳤다. 없는 걸 알면서 묻는다. 번연히 알면서 찾는다. 이 잡듯 찾아도 없는데 나더러 어쩌란 말인가. 담당자가 철하지 않은 서류를 나에게 드밀면 없는 재주를 부려 어디 가서 낚아올 수도 없지 않은가.

처음에는 밑의 직원들 교육시키려 그랬다. 바쁘다는 이유로 문서 보관을 엉망으로 하기에. 한두 번 말로 하다 안 되겠기에 행동으로 와 닿게 하려 그랬다. '나 아니라도 누군가 하겠지'라는 못된 습관을 없애야만 하기에. 남들이 챙기지 않는 서류를 나는 챙기려 했다. 다들 크고 쓸모 있는 문서만 챙기지 작고 도움 안 되는 자료는 버린다. 나는 남들이 버리는 걸 단지 모아둔다. 쓰이든 안 쓰이든 상관없다.

"본부장님. 여기 있습니다."
"다들 없다는데 어떻게 찾았어?"

내 눈을 스쳐 간 문서와 글들을 지금도 나는 모두 간직하고 있다. 심지어 중요한 이메일까지도 말이다. "지금은 필요 없다. 그러나 언젠가 한 번은 필요하다." 이 말을 뼈저리게 경험해 본 적이 있는 나는 '이가 없으면 잇몸으로, 머리가 없으면 몸으로 때우겠다'라는 영업 정신에 개의치 않는다. 영업은 정답을 갖고 있는 사원이 반드시 계약서 도장을 찍지 않는다. 영업은 고객 감동을 실현하는 사람이 계약서에 먼저 도장 찍는다. 고객이 찾기 전에 먼저 주는 사람이 고객 감동을 실현한다. 빠른 응답과 신속한 피드백이 최우선이다. 가능하다, 가능하지 않다는 응답을 빨리 줘야 한다. 가능하지 않은데 언제까지 가능하다는 피드백을 신속하게 전해야 한다. 고객은 답을 달라는 게 아니라 자신에게 힘을 달라는 거다. 해결책을 들고 오기 전에 명분 먼저 만들어 달라는 요청이다.

"안녕하십니까? 몇 층으로 가면 됩니까?"
"회의 중이니까 연락 줄게. 번호 줘 봐."
"아, 예. 제 휴대전화 번호는……."
"당신, 그 번호 갖고 여기 영업하러 왔어?"

반말은 그러려니 한다. 과장 대신 당신이라 불러도 참을 수 있다. 참기 힘든 건 내 휴대전화기를 자기가 사주지도 않았으면서 전봇대 강아지마냥 영역 표시하려 든다는 점이다. 순간 내지르고 싶었다. 홧김에 욱하는 순간 두 사람 얼굴이 자동반사적으로 스쳐 갔다. 사장과 본부장. 나를 아끼는 사람에게 내가 걸려들면 안 된다. 나를 믿어주는 사람에게 내가 등 돌리면 안 된다. 그런 생각에 쫙 들었던 두 손을 내렸다. 영업 생리를 몰랐던 영업 초년 시절이었다. 뭘 몰랐던 그때가 가장 힘들었다. "집을 나설 때 간은 잠시 두고 와라!", "고객은 왕처럼, 영업은 그림자처럼!" 일하는 동안 그렇게 나와 내 몸을 잊고 살라 말한다. 그 말뜻을 알아듣기까지는 그 후로도 좀 더 시간이 걸려야 했다.

> 어제 만나 뵙게 되어 무척 반가웠습니다.
> 킥오프 미팅으로 훌륭한 저녁까지 마련되어 영광이었습니다.
> 미팅 때 언급하신 후속 보충 자료는 최대한 빠른 시간 안에 작성하여 전달해 드리겠습니다. 저희 제품만 우선 검토해 달라는 뜻은 아닙니다. 다만 객관적으로 공정하게만 평가해 주셨으면 합니다. 업력과 실적만으로 평가받으려 하지 않겠습니다. 최종 사용처의 변동 요구 사항에 능동적으로 신속하게 응대할 수 있는지 그 점을 신중하게 고려해 주셨으면 합니다.
> 더운 여름입니다. 다가오는 주말 가족들과 건강한 휴가 다녀오시기 바랍니다.

달변의 영업사원도 눌변의 문장 하나를 이기지 못한다. 번지르르 말주변도 오밀조밀한 글 하나를 누르지 못한다. 청각은 빠르다. 그러나 시각은 세다. 청각은 속공, 시각은 강공이다. 성공적으로 미팅 끝냈다 절대 착각하지 않는다. 담당자는 딴생각 품고 있을 수도 있다. 깔끔하게 발표했다 절대 자만하지 않는다. 담당자는 달리 염두에 둔 곳이 있을 수 있다.

담당자 마음을 함부로 나는 열려 하지 않는다. 대신 '닫지만 말아 달라!' 요청한다. 담당자 마음을 함부로 떠보려 하지 않는다. 대신 '솔직하게 오픈하고 갑니다!' 알린다. 그런 요청과 알림을 확인받는 요령이 글쓰기다. 미팅 직후에는 특히 신속하고 민첩해야 한다. 결정 나기 전까지 담당자는 자신의 결정이 맞는지 끝도 없이 질문한다. 그 촘촘한 틈을 비집고 억지로라도 글 하나를 '툭' 집어넣는다. 담당자 본인도 의식하지 못하는 사이 내가 보낸 글에 '신경' 쓰게 된다.

"요새도 이렇게 영업하는 사람 있습니까?"
"뭐가 잘못되었습니까?"
"H사 사람들 엄청 깐깐한데 대단하십니다!"

에이전트를 통해 우리 영업부장에게 전달된 말로는 원청업체에서 모처럼 신선한 감동을 받았다 했다. 디지털 시대에 아날로그 방식. 모

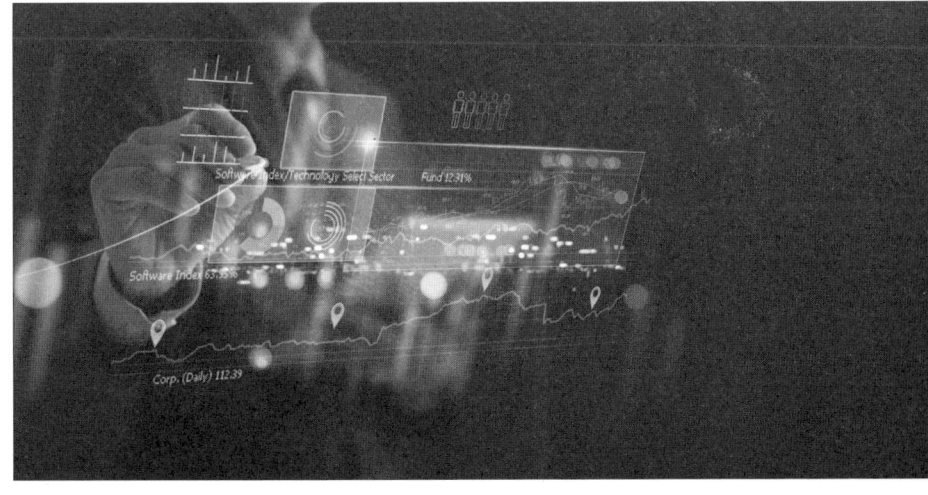

두들 겉치레 인사만 하고는 끝인데 모처럼 '사람 냄새' 맡았다고 전했다. 진심 담은 문자 하나 이메일 하나. 공식 멘트뿐만 아니라 사용자 개인 관심사까지 챙기는 살가움이 마음에 들었단다. 누구인지 몰라도 실무자가 이 정도라면 믿고 맡길 만하다며 에이전트에 귀띔했다 한다. "이런 영업사원은 절대 장난치지 않는다."라면서. 천신만고 끝에 그렇게 해서 프로젝트 제안서를 쓸 수 있게 되었다.

배워도 한참 더 배워야 한다 했다. 영업도 모른다 마치 쥐죽은 듯 지냈다. 이 일로 나는 내 방식이 결코 틀리지 않았음을 알았고 자신감을 회복했다. 처음 먹은 마음이 흔들리지 않으면 더 오래 갈 수 있다 확인했다. 자기 회사 휴대전화기 번호 안 쓴다고 잠시 주춤거렸던 자존심이 제자리를 찾아왔다. 나만 오락가락하지 않으면 고객도 진심을 먼저 만난다는 중요한 사실을 깨달았다. 통념도 때로는 정석을 깨뜨리기 힘들다는 믿음.

내 방식은 느린 듯해서 남들 하는 방식대로 따라가고 싶을 때가 있다. 언제나 그들은 그들만의 방식대로 간다. 나는 나만의 방식대로 간다. 자신을 알아주는 사람을 제일 신뢰한다는 그 하나만 믿고 글을 썼다. 인정받지 않아도 믿어주어 좋았다. 편법을 안 써도 원칙만으로 충분히 통할 수 있음을 검증했다. 자칫 잃어버릴 뻔한 나를 다시 만나게 되었다. 그 후로도 고객을 향한 글쓰기는 영원히 나만의 방식이 되었다.

08
감사의 글쓰기는 치유의 힘이 있다

희한하다. 놀라우리만치 신기하다. 회사를 그만둔 건 어떻게 알았는지 그때부터 일체 연락이 끊겼다. 그 많던 사람들 내왕이 두절되었다. 거래처 담당자들과 납품처 실무진들. 마지막까지 미지급금을 만들지 않으려 노력했지만 이제는 줄 일도 받을 일도 없다 생각했는가. 오랜 시간 동안 정을 나누고 열의를 쏟았던 직원들. 더 잘해 주지 못해 미안한 마음은 크지만 이제 갈 일도 볼 일도 없다 생각했는가. 속절없이 야속하기도 하고 쓸데없이 속상하기도 하고.

없어 봐야 있을 때를 안다. 재직할 땐 몰랐는데 퇴사하고 나니 나도 별것 아니라는 생각이 들었다. 혼자되어 봐야 함께 했던 때를 안다. 집에서 머무르는 시간이 오래될수록 나도 참 외로운 존재로구나 느끼게 된다. 약해지지 말자고 눈빛을 세우는데 눈앞이 아득하다. 기죽지 말자고 목청을 돋우는데 마른기침만 쏟아진다. 바라지 않는데 은근히 조바심치게 된다. 누구 올 리도 없는데 나도 몰래 목 빼고 기다리게 된다. 이제는 영원히 부질없을 줄 알면서.

"집에서 뭐 하냐?"

"그냥 그렇지 뭐."

"나와라. 얼굴 보자." 불러주는 친구가 있었다. 싫다고 해도 막무가내다. 자신도 예전에 다 겪어 봐서 마음 안다며 다독였다. 공황장애를 겪으며 이런저런 고충을 줄줄이 아는 듯했다. 뭘 말해도 다 받아줄 태세다. 그렇게 주고받은 시간이 무려 2년이다. 긴 기간 동안 일주일에 최소 한 번 이상 꼭 나를 만나러 와 술과 밥을 샀다. 단 한 번 예외도 없었다. 지나는 동안은 그런 줄 몰랐는데 지나고 보니 그 친구는 속 터지는 내 마음을 더 크고 너른 마음으로 받아주고 있었다.

"이거 같이 해 볼래?" 하며 사무실로 오라고 부르는 선배가 있었다. 집에 있으면 잡생각만 드니 그럴수록 더욱 사람들을 만나야 한다며 무슨 일감이든 주려던 형이었다. 부동산 컨설팅을 하면서 곁가지로 알게 된 많은 사람들을 소개시켜 주었고 진행하는 프로젝트에 동참시키려 애썼다. 뜻 없이 전화한 듯 생각날 때마다 불러내어 닫히려는 마음을 열어 주었다. 모임에도 불러 주었으며 회식 자리에도 스스럼없이 동석하게 배려해 주었다.

아무것도 없다고 생각했는데 아직도 가진 게 많은 나였다. 모두 떠났다고 생각했는데 아직도 함께하는 사람이 많은 나였다. 빈털터리라 생각했는데 아직도 나눌 게 있었다. 밉다고 했는데 미워할 수 없는 사람들이 남아 있었다. 지나간 건 다 지우려 했는데 아무래도 지워지지 않는 뭔가가 있었다. 돌아보기 싫어 모두 없애려 했는데 도저히 내칠 수 없는 뭔가가 있었다. 이 시간 이 시점에 남은 이것들은 내게 어떤 의미를 주려 머무르는가.

지금도 내 지갑에는 신용카드 크기만한 코팅 종이가 하나 들어 있다. 〈첫 직장에서 성공 사례 만들어야〉라는 1999년 8월 9일 자 신문 기사가 아직도 곱게 지켜지고 있다. 일단 첫 직장을 선택하면 성공 사례를 만들 때까지 그곳에서 근무하라. 직장 안에서 가장 어렵고 많은 일을 하는 곳에 지원하라는 내용이다. 입사할 때도 보았고 중간중간 힘들 때도 보았고 보직이 바뀔 때도 보았다. 마음이 흔들릴 때도 초심을 잃지 않으려 했고 위기 상황에서도 끈기를 잃지 않으려 했다.

지금 와 뒤돌아보니 얼떨결에 나는 20년 전 그 신문 기사 내용과 닮아 있었다. 남들이 하기 싫어하는 해외사업부에 자원했고 대기업에서 오라는 달콤한 제안도 거절했으며 더 높은 연봉을 주겠다는 제의도 물리치고 한 곳에서 진득하게 보냈다. 모자라는 건지 미련한 건지 모르는 건지 둔한 건지. 자랑할 거리도 내세울 거리도 없는 지금 내게 유일하게 나를 떠나지 않고 남아 있는 기사 한 꼭지. 이 기사 하나 때문에 그 긴 세월을 지나왔는가. 아니, 이 기사 하나 덕분에 그 긴 시간을 지나올 수 있었던가. 그러고 보니 마침 참으로 잊지 못하는 두 분이 기억을 뚫고 지금 내게 걸어온다.

"사모님. 죄송합니다. 좀 전에 저희 직원이 말실수했습니다. 이해해 주십시오."
"아이고, 이사님이 직접. 저도 옛날에 회사 생활 해 봐서 압니다. 다 그런 거죠 뭐."

직원이 크게 실수한 건 없다. 본인 할 일을 했을 뿐이다. 다만 같은 말이라도 아 다르고 어 다른 법. 조금만 더 공손하게 말했으면 좋았을 텐데 내가 듣기에도 조금 불편해 보였다. 직원이 통화한 상대는 건물

주 사모님이었다. 직원이야 주어진 일, 맡겨진 일 하면 그만이지만 나는 전체를 봐야 하는 입장이다. 전세 기간이 만료되면 계약 연장은 누구 책임인가. 그런 한 점이 한시도 나를 방심하지 못하게 했다. 만에 하나 대수롭지 않은 일로 치부한 오늘 같은 일을 꽁하게 갖고 있다 전세금 올려 달라 하면 그 시작은 어디서 비롯되었고 그 책임은 어디서 마무리되는가.

외근자는 내근자 심정을 모른다. 영업부에 있는 사람은 관리부 고민을 모른다. 구매부 직원은 자금부 고통을 모른다. 현장 노동 근무를 제외하고 나는 거의 모든 부서, 모든 업무를 두루 거쳤다. 작은 신문 기사 하나 덕분이다. 후회는 않는다. 미련도 없다. 다만 일을 하는 그 어느 순간에도 긴장을 늦출 수 없다. 사람은 절대 큰 충격으로 상처받지 않는다. 말도 안 되는 사소한 걸로 속을 감추고 크게 상처를 키운다. 작은 상처가 크게 바뀌기 전에 미리 그 상처를 돌보는 일이 관리자가 해야 할 일이라 믿어 왔다.

"사무실이 뭐 이래? 층고도 낮고 창고도 없고."

좋은 환경, 좋은 시설에서 근무하다 사무실 이전을 하니 여기저기서 불만이 터져 나왔다. 말은 안 해도 구시렁거리는 소리가 경영이사인 내 귀에는 더 크게 들렸다. 휘황한 인테리어와 첨단 출입 장치가 설치된 사무실부터 여러 상황의 업체들을 다 둘러본 나는 눈에 보이는 외관에 기죽지 않는다. 여태 지내왔던 환경과는 너무나도 동떨어진 사무실에서 지내자니 직원들은 몹시 불편한 생각만 드나 보다. 당장 화장실만 하더라도 남녀 출입문이 하나다. 처음에는 관리비를 아끼겠다고 돌아가며 청소하자더니 결국 아래 직원들 몫이 되어 버렸다. 기어이 청소 아줌마를 구해 달라 아우성이다.

"청소하실 분 찾아봤어요?"
"그 조건으로는 아무도 안 오겠다는데요?"

일주일에 한 번만 청소하면 될 듯했다. 아무도 오려 하지 않는다는 걸 몰라서 시킨 게 아니다. 책상에 앉아서 인터넷 몇 번 찾아보고는 안 된다 직원이 보고한다. 대거리하기도 그렇고 내가 직접 부동산중개소에 가서 소개를 받았다. 어렵사리 한 분을 소개받아 정중히 부탁드렸다. 그렇게 같이 보낸 시간이 몇 년 흘렀다. 나마저 회사 생활을 접어야 할 때 내가 먼저 말을 드렸다.

> 여사님. 그동안 참으로 감사했습니다.
> 몇만 원 받고 아무도 오려 하지 않았는데 사모님은 제 부탁을 들어주셨습니다. 더 있었으면 청소 횟수를 늘려서라도 얼마 더 돈을 드리려 했는데 죄송합니다. 여기서 저도 여사님도 그만인가 봅니다. 잊지 않고 계신다면 꼭 기억하고 연락드리겠습니다. 그사이 꼭 건강하시기 바랍니다.

눈물을 보이려는 여사님 손을 잡아 드렸다. 여사님 손품에 내 마음을 담은 글을 써서 드렸다. 그것 말고는 드릴 게 없었다. 냄새 나는 화장실을 비지땀 흘리며 물기 하나 없이 깨끗하게 청소해 주신 정성에 비하면 내가 드린 감사 편지는 비할 바가 아니다.

"나보다 이사님이 어떡해요? 돈 보고 일 안 했어요. 여름에 얼음 커피 타 주는 이사님 보러 왔지요! 주신 편지 잘 간직할게요."

여사님의 그 한마디에 나의 20년 직장 생활을 안심하고 마무리할 수 있었다. 이제나저제나 연락드리겠다 그러며 보낸 시간이 3년이다. 그때 해 주신 위안의 말에 두고두고 나도 모르게 치유가 되었나 보다. 어떤 일이 있어도 만난다는 그 약속은 지킨다. 내가 드린 감사 글을 갖고 있지 않을지도 모른다. 그럼에도 잊지는 않으셨으리라. 나는 마음의 글을 드렸고 여사님은 내 마음을 지킬 힘을 주었다. 처음에는 사장님 보고 입사했고 마지막에는 여사님 보고 사직할 수 있었다 말하리라. 그 마지막에 나를 지킬 수 있도록 치유의 힘을 주었다 말하리라. 한 분 사모님과 한 분 여사님이 바로 저만치에서 걸어오는데.

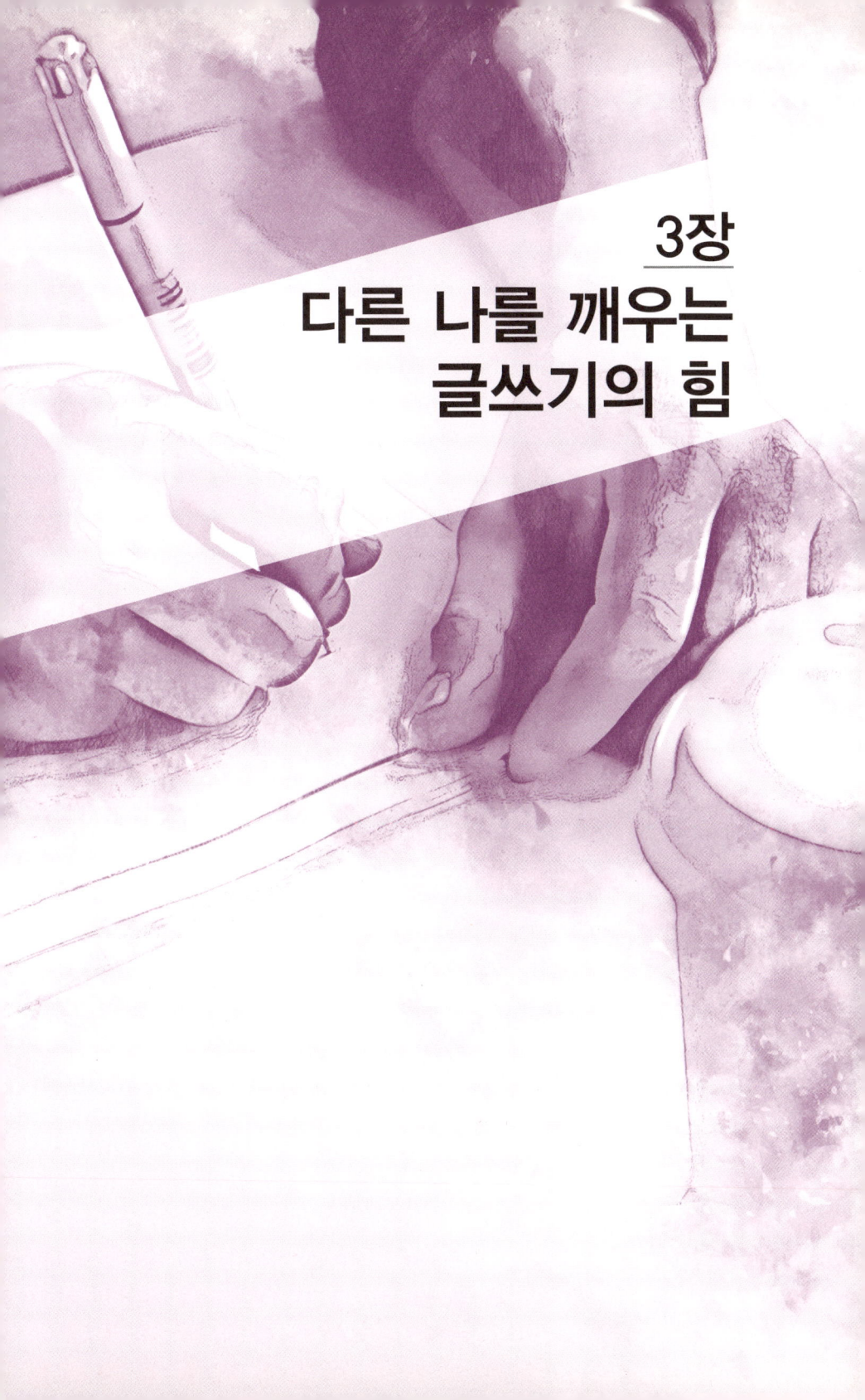

3장
다른 나를 깨우는 글쓰기의 힘

01 / 나를 바꾸는 글쓰기의 힘

뼈를 묻겠다는 각오로 입사한 직장. 남다를 일도 남부러울 일도 없이 그저 그런 직장 생활을 보낸 지 20년이었다. 회사가 힘들어지면서 하루아침에 나는 실업자가 되었다. 대비도 대책도 마련하지 않은 상태에서 마른 하늘에 날벼락인 양 곧바로 힘없는 가장으로 추락했다. 멍한 상태에서 무방비로 당했다는 생각만 오래 끌면서 부는 바람에 구름 흘리듯 시간이 갔다.

"뒷짐 지고 서 있지만 말고 와서 배워요. 나 가고 없으면 애들 밥이라도 해 줘야지."

나는 요리를 할 줄 모른다. 카자흐스탄 상황실 공사로 해외 장기 출장을 갔을 때도 설거지는 했을지언정 밥 당번은 한 번도 맡지 않았다. 그런 나에게 아내가 '무조건' 배우란다. 상황이 바뀌었으면 적응을 해야지 왜 분수에 맞게 행동하지 않느냐 나무란다. 그 말에 무슨 토를 달 수 있겠는가. '내 처지가 이렇다고 날 무시하나?' 속으로는 열 번도 더 대받고 싶지만 맞는 말을 하는데 뭐라 하겠는가. 오히려 결혼 후 지금까지 아내가 가족만을 위해 살아준 고마움에 미안함이 덧보태질 따름이었다.

"잠잘 때 어떻게 자니?"
"그야 누워서 자죠."
"누워 잠잘 수 있는 행복을 아니?"
"생각해 본 적 없습니다."

처음에 회사 입사를 권유한 선배가 있었다. 경영본부장으로 있었던 그의 밑에서 회사 생활을 시작했다. 집에 있는 내가 안 돼 보였는지 하루는 불렀다. 그러면서 지금은 사별한 형수 이야기를 덤덤하게 들려주었다. 백혈병을 심하게 앓으며 생의 마지막을 함께 했던 모습. 엎드리다 못해 벽에 기대서라도 잠들지 못하는 날들. "남들처럼 편하게 누워서 한 번이라도 잠들었으면!" 하는 말을 옆에 앉아 지켜보면서 숨 한 번 제대로 못 쉬는 몰골이 너무 안타까웠다 했다. 아무 도움도 되어 주지 못한 채 그 처절한 모습을 고스란히 지켜볼 수밖에 없었다 했다.

나는 내 삶이 불행으로 가득 차 있을 줄로 생각했다. 그러다 이내 그 생각은 틀렸다고 단정 지었다. 내가 생각했던 불행은 그다지 생겨나지 않았다. 내게는 가족이 있고 또 모든 식구들이 '아직은' 건강한 모습을 보였다. 사소한 일일 수도 있으나 그때만큼은 대단하게 느껴졌다. 모든 상황이 너무도 정상적으로 잘 돌아가는데 다만 지금 내가 직장이 없다는 이유 하나만으로 휘둘려서는 안 되었다. 왜 엉뚱한 원망으로 이미 지나간 시간을 후회하고 있는가. 이제는 떠나온 곳, 갈 수 없는 곳인 줄 알면서 왜 불필요한 집착을 오래 두고 있는가.

지금은 내 인생의 '골든타임'이다. 이 시간을 무사히 잘 넘기면 소생하지만 그냥 흘려보내면 나는 이대로 죽는다. 이 세상에 와서 제대로 증명해 보인 일 하나 없이 나의 생은 그냥 마감하게 된다. 사직이 실패라고 누가 말했던가. 다만 여기서 멈추게 되면 실패한 인생으로 끝나고 만다. 만일 한 발짝 내디딜 수 있다면 나는 내 가능성에 도전할 기회를 붙잡게 된다. 어느 쪽에 손을 내밀 텐가. 무엇이 내 인생을 잡아주겠는가. 그렇다면 선택이다.

직장에 뼈를 묻었더라면 하마터면 내 꿈이 묻힐 뻔했다. 영영 내 꿈을 못 볼 뻔했다. 때문인지 덕분인지 뼈를 묻는 대신 나라는 존재가 사라질 판에 간신히 '나'를 찾아올 수 있었다. 천만다행으로 나를 찾아놓고 보니 나는 방향 감각을 상실해 있었다. 꿈도 미래도 의욕도 다 떨궈 놓고 있었다. 이렇게 가면 나는 영원히 내 인생에서 주인 노릇 한 번 못 해보고 고개 숙이게 될 판이었다.

아찔했다. 이대로는 안 된다. 이대로 두면 안 된다. 마음을 다잡았다. 세상 바뀌는 게 빠르겠는가. 아니면 내가 바뀌는 게 빠르겠는가. 그렇다. 바꾸어야 한다. 바뀌어야 한다. 내가 나 자신을 바꾸어야 한다. 내가 왜 여기까지 왔는지. 내가 뭔지. 내가 무엇을 원하고 있는지. 아무 일도 되지 않는다면 할 수 있는 무엇이라도 하면 되지 않겠는가. 바꾸기로 마음먹었다.

외로웠다. 혼자 있으니 외로울 수밖에. 고독해지자. 혼자라서 고독해질 수 있다. 외로움은 남들이 그렇게 보는 자체이고 고독은 내가 가꿀 수 있는 자체다. 혼자이기 때문에 무엇을 할 수 있을까. 혼자 있는 시간에만 할 수 있는 일이 무엇이 있을까. 숨을 쉰다는 사실, 그것은 내가 살아있다는 신호다. 내 인생 영화 라스트 신을 어떻게 엔딩 처리할 텐가.

2015년 10월 21일 새벽 3시. 냉수로 샤워를 했다. 겨울로 가는 길목 새벽 시간에 찬물을 몸에 뿌리는 일은 무척이나 아리다. 결기가 섰으면 결단을 해야 한다. 결심이 섰으면 결행을 해야 완성을 본다. 이 생각 하나로 기도했다. 내가 내게 기도했다. 많은 걸 누리고 잘 살았음에 기도했다. 더불어 내가 세상을 향해 기도했다. 이 한 몸이 뭔가를 할 수 있다면 크게 써 달라고. 그 외 아무것도 바라지 않는다. 무엇을 이루게 해 달라 빌지 않았다.

> 나와 내 삶, 내 이웃을 위하여
> 큰 작가가 되게 해 주십시오
> 영혼이 지친 사람들을 치유하여
> 우리 모두가 행복해지길 바랍니다

방방이 가득 차 있는 책들을 보면서 생각했다. 아무것도 손에 쥔 게 없지만 나는 생각할 수 있는 머리가 있고 글을 쓸 수 있는 손이 있지 않은가. 글을 쓰는 데 다른 무엇이 더 필요하단 말인가. 잠시도 주저함 없이 글을 쓰기 시작했다. 무엇이라도 쓰면 되지 않겠는가. 아무것이라도 쓰기로 했다. 소회를 쓰든 감상을 쓰든 지금 이 순간에 느끼는 이 감정들을 글로 남겨 놓아야만 했다. 그래야 나중에 누가 묻더라도 자신 있게 대답할 게 아닌가. 그 하루하루가 어떤 의미로 다가왔는지 말해 줄 수 있어야 한다.

하루 중 의미 있거나 의미 둘 만한 아무 소재라도 붙잡아 글을 썼다. 정해진 주제는 따로 없다. 어떤 때는 짧은 단어나 키워드를 중심으로 글을 썼고 또 어떤 때는 한 문장만 덩그러니 써 놓기도 했다. 분명한 건 하루도 멈추지 않았다는 사실이다. 멈출 수 없었다. 멈추어서는 안 된다. 골든타임을 지속시켜야 했다. 그렇게 백 일여 동안 막무가내 써 가던 글이 모여 공책 한 권 분량 정도 기록으로 남았다.

그러자 뜻하지 않은 일이 일어났다. 얼마 지나지 않아 아는 선배의 소개로 한 포럼에 참석하게 되었다. 그곳은 인문학 도서 출판으로 유명한 〈동문선〉 출판사 사장이 주관하는 모임이었다. 또 몇 개월 뒤 서점에서만 보던 베스트셀러 작가들이 모여 있는 곳에 찾아가게도 되었다. '꿈이 있으면 그 꿈이 있는 사람들 곁으로 가야 꿈을 이룬다.' 그런 말처럼 어느새 나는 내가 그리던 꿈속에 이미 와 있었다. 간절히 원했고 그냥 그렇게 바람대로 이끌렸다.

살다 보니 절절함과 절박감에 글을 썼다. 처절함의 끝에서 글쓰기를 했다. 여태 이만하면 충분히 바뀌었다 생각하며 살아왔다. 그러다 문득 생각을 행동으로 실천하고 있지 않은 나를 만나게 되었다. 글쓰기를 하면서 알게 되었다. 지금까지 내가 아프게 살아 온 이유는 나를 바꾸고 싶어서였음을 알아차렸다. 어느 하나에라도 최선을 다해 치열한 삶을 살고 있지 않은 나를 그제서야 보게 되었다.

내 삶에서 이번 일은 내 살아갈 날들을 위한 중요한 터닝 포인트가 되었다. 나를 바꾸기 위해 글쓰기라는 작은 실천 하나를 했고 그 실천 다짐을 글로 써서 남겨 두었다. 이 글이 나중에 어떤 결행을 하게 될 등대 역할을 할지 모른다. 바라는 대로 하고픈 대로 말만 내세우지 말고 오롯이 글에 담아두게 되었다. 이제 내가 쓴 이 글은 내 인생 영화가 끝나기 전 반전으로 나를 이끌고 갈 길라잡이가 되어 주리라 믿는다.

02 / 하루를 시작하는 새벽 글쓰기

"일체 아무 조건 없이 하루에 86,400원이 입금된다면 무엇을 하겠습니까? 단 쓰지 않았을 경우, 적립되거나 다음날로 넘어가지 않습니다."

무일푼 알거지 백수인 내가 가진 게 정말 하나도 없을까. 방바닥에 드러누워 이리 뒤척 저리 뒤척 생각을 굴리고 있었다. 인생에서 가장 빛나는 30~40대 황금기를 나는 직장에 고스란히 바쳤다. 한 올 남김없이 주었노라 여겼는데 돌아온 건 사직뿐이었다. 한 톨 여지없는 쪽박 신세. 어데 없이 내가 딱 그 신세였다. 종잣돈 될 만한 뭐라도 있어야 기운을 차리겠는데 중간 정산 몇 번 치르고 나온 퇴직금을 생활비로 쓰고 나니 흔적도 없이 휑하니 사라졌다.

'나는 정녕 가진 게 하나도 없는 사람인가?'

곰곰이 한참 따져 물었다. 차분하고 냉정하게 자신에게 물었다. 지금 없는 게 많다. 아주 많이 불편하다. 남아 있는 게 혹시라도 있을까. 있다면 끄집어내야 한다. 처절한 이 순간을 위해 무슨 수라도 써야 했다. 아직 죽지 않았으므로 살아갈 수 있도록 뭔가를 반드시 발굴해 내야 했다. 기운을 차리고 내 삶을 다시 일으켜줄 원기가 될 만한 무엇들을 찾아보았다. 정성을 다해 샅샅이 찾아보았다. 비틀고 쥐어짜 그렇게 찾은 하루 86,400원이었다.

- 양가 어른들과 우리 가족들. 모두 무사히 아직 건강하다.
- 맑은 두 눈과 기죽지 않은 목소리. 나도 아직 건강하다.
- 책. 내가 읽은 책들로 이 방 저 방 온 방에 가득하다.
- 생각할 수 있는 머리와 멀쩡한 두 손. 나는 아직 젊다.
- 예전에 턱없이 부족했던 시간. 24시간이 100% 내 시간이다.

시간과 돈. 예전에는 시간이 없었고 지금은 돈이 없다. 차분히 뒤적여 보니 나라는 사람은 의외로 많은 걸 가지고 있었다. 가만히 따져 묻다 보니 내가 갖고 있는 모든 게 어느 순간 돈으로 보이기 시작했다. 가족들 중 누구라도 자리보전하고 아프다 하면 가장 시간 많고 만만한 내가 가서 돌보아야 할 게 아닌가. 그것만 해도 나는 많은 돈을 번 셈이다. 내 몸은 아직 생생하다. 몸져누우면 누가 가장 손해인가. 이것만 해도 나는 많은 돈을 벌고 있다. 문제는 시간이다. 그때도 그랬고 지금도 그렇고 다만 내가 찾지 않았을 뿐이다. 시간이 버려지고 있고 돈이 버려지고 있는 듯했다.

우습게도 우리 인생에서 처음 1/4은 어떻게 살아야 할지 미처 알기도 전에 지나가 버리고 마지막 1/4은 이미 인생의 즐거움을 느끼지 못하게 되어 버린 나이에 찾아온다. 시간이란 그렇다. 철없이 지나가고 철들만 하면 그때는 없다. 이 순간을 잡지 못하면 영원히 인생의 부랑아가 될 게 뻔하다. 이 순간을 끌고 가지 못하면 남은 인생 정처 없이 끌려다니며 살 게 뻔하다. 세상을 조금 알게 된 이때 인생을 조금 느끼게 된 이때 왜 하필 이 순간 전진만 하던 내 인생에 제동이 걸렸을까.

그러고 보니 지금까지 "너무 바쁘다."라는 말만 입에 달고 살아왔다. 휴가를 얻어도 집에서 애들과 같이 보내는 게 다였다. 아내는 신혼여행 때 평생 처음 여권을 만들었다 유효기간이 지난 게 이미 몇 해 전이다. 새삼 그 '바쁘다'는 말을 더 열심히 내 인생을 가꾸는 데 사용한 게 아니라 꼭 해야 하는데 뒤로 미루는 데 사용한 것 같다.

지금까지 나는 평생을 저녁형 인간, 올빼미족으로 살았다. 퇴근하고 직원들과 회식하며 거래처 사람을 만나 영업했다. "사람들 만나는 거 알겠는데 제발 12시 전에만 들어오세요." 아내의 하소연을 늘 귓등으로만 들었다. 허구한 날 자정 넘어서까지 막무가내 시간을 방치했다. 어떤 때는 늦게 퇴근해서도 자정을 한참 넘긴 시각까지 이것저것 뭔가를 하다가 잠들었다. 그에 비해 아내는 늘 새벽에 일어나 아침 식사를 준비하고 과제를 준비했다.

"남들 다 자는 새벽에 뭘 해? 졸린 상태에서 일이 돼?"
"몰라서 하는 소리. 연애편지는 밤에 쓰고 보고서는 아침에 쓴다!"

나는 고집이 세다. 한편 맞는 말은 그 자리에서 바로 받아들인다. 아내가 던진 한마디는 가리고 따질 일 없이 지극히 당연한 말이었다. 돌이켜보니 내가 일찍 출근한 때도 가만 보면 그날 중요한 일을 하기 위해서였다. 전날 못다 푼 일들을 다음날 출근해서 거뜬하게 해치운 일들이 얼마나 많았던가. 안 그러면 그날 과제 중에서 큰 골자를 짜야 되는 일들은 이른 아침에 출근하여 해치우곤 했다. 바로 이것이다. 이것을 내게 적용해야 한다.

단숨에 나는 새벽형 인간으로 바뀌었다. 과감하거나 과격하거나 뭔가를 이루려 한다면 빨라야 한다. 그렇게 새벽형 인간이 되고 나자 제일 먼저 나의 사고가 크게 바뀌었다. 마치 하루를 온통 내가 지배한다는 생각이 들었다. 마지못해 내가 끌려가는 게 아니라 내가 하루의 주인이자 임자라는 생각이 강하게 들었다. 단순한 차이로 삶을 사는 방식이 전환되었다. 이전과는 다르게 제대로 하루를 안고 살게 되었다.

매일 달라지기로 했다. 매일 아침마다 새로 태어나기로 했다. 해 뜨기 전에 해를 보기로 했다. 같은 어둠도 어둠의 색깔이 다르다. 내 인생은 저녁을 향해 달려가는 황혼이 아니라 아침을 예약한 새벽을 맞이하는 중이다. 내게 주어진 인생 최고 값진 시간에 내 마지막 지닌 밑천을 전부 긁어모아 할 수 있는 최고의 작업.

사직, 동료, 과거 등은 모두 고정변수라 내가 어찌할 수 없는 요인들이다. 떠나기로 했다. 변동변수 중에서 내가 조정할 수 있는 요인들을 모두 가동시키자. 중년은 '중도 포기하는 나이'가 아니라 인생에서 가장 '중요한 나이'임을 떠올렸다. 멀쩡한 머리와 두 손으로 미래를 맞이하기로 했다. 이제 시간만 있으면 된다. 다행히 이것은 이미 확보된 상태다. 글을 쓰기로 했다. 이왕이면 하루 중 머리가 가장 맑다는 아침에 글을 쓰기로 했다.

- 후회 없이 보낸 하루는 미련을 남기지 않는다.
- 특별한 기억이 특별한 인연을 만든다.
- 마음 낸 그 자리가 일어서는 자리다.
- 바위산은 바람을 막아서지 못하지만 바람은 바위를 깎아내릴 수 있다.
- 자책은 발걸음을 멈추게 하고 희망은 발걸음을 나아가게 한다.
- 한 발 더 가까이 나아가라. 그것이 한 발 더 다가가는 방법이다.
- 향기 없는 꽃이라 하여 계절을 잊고 꽃 피울 시기마저 잊고 살겠는가.

 매일 아침마다 새로운 문장들이 마구 솟구친다. 샘솟는다. 샘물처럼 두레박으로 퍼내도 퍼내도 이튿날 아침이면 으레 새 물이 그득 찬다. 이런 일이 어떻게 가능한가. 하겠다고 하니 그냥 되는 거였다. 생각하지 않고 지어내지 말고 쓰다 보니 써졌다. '될까? 되겠지?'가 아니라 '되네! 되는구나!'였다. 누가 하란다고 쓰란다고 될 일이 아니라 내가 써 보자 마음먹으니 자연스레 되는 일이었다.
 그렇게 천금 같은 아침 시간에 미래 꿈을 기록하면서 하루가 지날수록 나만의 귀한 보물을 모으게 되었다. 글쓰기를 통해서 너무나도 당연하게 흘려보냈던 하루의 의미는 글을 쓸 때마다 특별하게 다가오기 시작했다. 새벽 글쓰기를 하게 되면서 매일 아침마다 스페셜 데이를 만들어 누리는 재미가 생겼다. 의미 없는 하루란 없다. 맑은 날도 흐린 날도 글쓰기 하는 하루는 나로 인해 빛을 발하게 되었다.

새벽을 놓친 사람은 잠자리에서 흐느끼고 시간을 버린 사람은 인생 앞에서 운다. 다시 못 올 거라면 돌아서서도 잡지 못한다. 새벽 글쓰기를 하면서 자신 있게 하루를 가지게 되었다. 줄 수도 뺏을 수도 없는 하루라는 보물을 글쓰기로 당당하게 다 가졌다. 스페셜 데이는 하루의 의미를 제대로 부여했을 때 특별한 날이 된다. 새벽 글쓰기를 하는 날은 이미 내 인생에서 다시없는 특별한 날이다.

03 / 살아갈 이유를 글쓰기로 찾아라

"어 이사. 방법이 없다. 어떻게 하지?"
"그걸 제가 어떻게 해결한답니까?"

사장과 임원들이 모여 회의를 열었다. 대형 프로젝터 50대가 들어가는 실로 엄청난 프로젝트였다. 단일 규모로는 대한민국 첫손에 꼽힐 만한 대규모 상황실 프로젝트 건이었다. 계약을 성사시키고 수주해 온 영업이사는 아무 죄 없다는 듯 멀뚱멀뚱 눈만 깜박이고 있었다. 회사에서 처리할 문제이지 영업이사가 감 놔라 배 놔라 할 처지는 아니라는 표정으로 멀찍이 빠져 있었다. 겨우겨우 기한부어음인 유산스(Usance)를 써서 신용장(L/C) 개설은 했지만 점점 대금 상환일이 다가오고 있었다.

10억 원 가까이 되는 수입 대금 원금 상환은 차체하더라도 운임료와 세관 통관료가 문제였다. 개설 수수료, 적하 보험료 말고도 정신없이 날아드는 각종 수수료는 아예 눈에 들어오지도 않는다. 자유무역협정(FTA)이 체결되지 않은 국가로부터 수입해 오는 물품이다 보니 관세 8%와 부가세 10%를 납부해야만 소위 수입면장이라 불리는 수입신고

필증을 끊게 된다. 물품은 기일에 맞춰 선적시켰는데 우리 쪽에서 대금 납부를 못하면 일이 이만 저만 골치 아파지는 게 아니다.

  천문학적 금액으로 매일 이용 대금이 불어나는 보세 창고(수입절차를 마치지 않은 물품을 보관하는 창고)에 물품을 머무르게 할 수 없었다. 장기화될 경우, 세관 블랙리스트에 올라가 향후 물품 통관 시에도 악영향을 미치게 된다. 납품 업체가 원할 경우, 곧바로 물품 이송을 해야 하는데 지연되면 지체상금을 물게 된다. 이래저래 상상도 할 수 없는 일들이 꼬리에 꼬리를 물고 일이 꼬일 수밖에 없는 상황이 전개된다. 이 모든 걸 알고 있는 사장이 당장 이 상황을 어떻게 타개할 건지 의논하고 있었다. 의논이 아니라 없는 방법을 만들어 내라는 식이다. 속 타는 심정이야 모르는 바 아니지만 난들 뭘 어쩌란 말인가. 나 역시 속 타들어 가기는 마찬가지였다.

  자금 차입은 전결권자인 대표의 몫이지 경영이사의 몫은 아니라 여겼다. 나는 살림을 사는 관리자이지 돈을 꿔 와야 하는 위치에 있는 사람은 아니라 생각했다. 회사가 어려워지다 보니 괜히 서로 신경이 곤두섰다. 원래 사장이었다면 일을 이 지경까지 방치하지 않았을지도 모른다. 회사가 분사되면서 외부 사장이 신임 대표로 오면서 예전과는 조금 다른 분위기가 연출되었다. 회사가 잘 될 때는 까짓것 아무 문제도 되지 않는다. 위기 상황에서 사람을 알아본다 했던가. 사장도 나를 많이 의지했고 나도 사장을 많이 따랐다. 상황이 이렇다 보니 괜한 일로도 서로 감정이 오른다. 안 그래도 일전 술자리에서 했던 말이 생각났다.

  "회사가 어려우면 어 이사도 관리만 할 게 아니라 영업에 나서야지!"
  "제가 영업을 해야 할 정도라면 회사 문 닫아야 하는 거 아닙니까?"

서로 팽팽했다. 누구 말이 맞다 그르다를 떠나 실력을 갖춘 사람을 자리에 앉히려는 생각보다 지금 상황을 무조건 끌고 가겠다는 좁은 의지가 내 눈에는 마뜩찮았다. 버릴 건 버리고 채울 건 채워야 조직이 산다. 각자 역할은 정해져 있다. 지금 나에게 옛날 입사 신입 시절 좌충우돌 헤맸던 시점으로 되돌아가라 일갈하고 있었다.

그러지 말자 여겼다. 지금 처한 총체적 난국 앞에서 그런 말들은 아무 소용이 없다. 임원으로서 나도 완전히 책임을 면할 수는 없다. 누구 잘못을 떠나 어쨌든 회사를 살려놓고 봐야 한다. 회사가 살아야 직원들을 안심시키고 급여를 줄 수 있다. 직원들이 안심해야 그 한 사람 한 사람을 믿고 따르는 가족들이 산다. 사장을 바라보지 말고 직원들을 먼저 생각했다. 나보다 더 답답하고 황당해 할 직원들을 살려야 한다. 억울한 직원들이 있게 해서는 안 된다.

방법이 없다. 방법이 떠오르지 않는다. 없다고 생각하니 정말 없었다. 방법이 없을까? 무슨 방법이라도 찾아지지 않을까? 사람으로 인해 생긴 일이다. 그렇다면 답은 사람에게서 나온다. 지금 답을 줄 만한 사람이 없다. 누구를 찾아야 답을 얻을 수 있단 말인가.

"말씀 많이 들었습니다. 그런데 어 이사님께서 제 생일은 어떻게 아셨습니까?"

카운터 파트로 일하던 운송업체 김 부장 역시 일을 떠나 친했다. 일로 만나더라도 오래 지내다 보면 친해진다. 몇 해 전부터 김 부장이 일하는 곳 대표 역시 친해지고 싶었다. 실무자는 실무자이고 세금계산서를 발행하는 사장을 모른 척 지나치면 안 된다 생각했다. 법인 등기부등본을 열람하면 대표의 주민등록번호가 나온다. 뒷자리는 어차

피 관심 없다. 앞부분만 있으면 된다. 거기에는 개인 집주소가 나온다. 설령 변동이 되어도 이내 신고해야 하므로 항상 최신 주소가 올라와 있게 된다. 그렇게 PDA에 입력해 놓고 매해 생일 때가 되면 그분과 함께 저녁 시간을 보낸다.

> 늘 잊지 않고 최선의 협력과 최고의 실력을 보여 주셔서 감사합니다.
> 매번 느끼지만 다른 경쟁업체들보다 신속하게 일을 처리해 주셔서 저희가 하는 일이 활기차게 느껴집니다.
> 차후에도 동반 관계가 지속적으로 유지될 수 있기를 기원합니다.

내가 드린 글과 말이 꽤 괜찮았던가 보다. 그 후로 스스럼없이 막역하게 지내는 관계로 발전해 왔다. 그런 관계는 일찌감치 접어 두고 지금 나는 방법을 찾아야 하는 심각한 상황이다. 운송업체인 김 부장을 제일 먼저 찾았다.

"좋은 방법이 없겠습니까?"
"글쎄요. 이 상황에서는 방법이 없죠."

뻔한 대답이 돌아왔다. 예전에도 비슷한 선례가 있긴 했는데 물품 담보로 통관을 진행했다가 사용자로부터 클레임을 당해 회사가 존망 위기에 처했다고 했다. 일절 동일 사례를 만들지 말라는 사장의 특별 지시가 있었다고 덧붙였다. 어쩔 수 없는 노릇이었다. 무작정 떼만 쓸 수 없는 판국이다. 낙심을 각오하고 돌아왔다. 여기서 방법이 없다면 모든 게 끝난다고 봐야 했다.

"이사님. 사장님께서 어 이사님을 믿고 통관을 허락해 주셨습니다."

바로 다음 날이었다. 있을 수 없는 일이었다. 믿기지 않았다. 다른 통관 업체에 물어봐도 불가능한 일이었다. 일어날 수도 일어나서도 안 되는 일이었다. 나를 믿고 허락해 주겠단다. 게다가 관세와 물품 보관을 담당하는 사장님까지 힘을 실어 주겠다 했다. "창고료는 걱정하지 마세요. 실제 물품이 출고되는 날 면장 진행할 수 있도록 조치할 테니 그때까지 통관 자금 걱정은 마세요." 이것은 기적이다. 최소 반년 이상 걸리는 지루한 싸움이 될 수도 있는데 통관에 관련된 모든 사장들이 나를 믿고 불가능한 일을 가능으로 바꿔 놓아 주었다. 내가 뭔데. 내가 뭐하는 사람이기에. 나는 그저 그분들과 세상 살아가는 이야기만 주고받으며 지내왔을 뿐인데 말이다.

"사장님. 자금을 끌어오지는 못하지만 시간은 벌어 드렸습니다."

이튿날 나는 사장에게 직보했다. 죽다 살았다. 막힌 숨통이 트였다. 턱 밑까지 찼던 억지 숨이 한순간에 터져버리는 순간이다. 그제야 사장은 '수고했다!'라며 한숨을 쓸어내렸다.

나는 가장이다. 가족을 사랑한다. 가족을 미워해서 회사일 끝나고 밖으로 도는 게 아니다. 직원들도 사랑하는 내 가족이다. 회사에 협력을 주는 모든 사람들 또한 가족이다. 단순히 돈을 주고받는 관계가 아니라 정을 같이 나누는 가족이다. 그러기에 정을 쏟았다. 그저 같이 어울려 밥 먹고 술잔을 기울였을 뿐이다. 그러다 보니 정작 내 가족에게 소홀해서 미안한 마음을 감추지 못하고 있었다.

평소 업체 사람들에게 나누었던 내 사랑이 헛되지 않았음을 깨달았다. 내가 살아가는 이유를 깨닫게 해 주었다. 글을 써서 사람들과 나누었던 정성이 사랑을 뛰어넘어 버렸다. 의도적으로 노력하지 않았는데 회사 하나를 살렸다. 그 무엇보다 내 살아온 날들이 결코 헛되지 않았음을 한순간에 증명해 주었다. 내가 그토록 노력했던 '글쓰기가 원하는 바를 얻는다.'라는 소중한 가르침을 다시 나눠 갖게 해 주었다. 모든 일들이 오늘과 같이 글쓰기에서 고스란히 드러난다. 나는 앞으로도 이 글쓰기를 멈추지 않을 작정이다.

04 / 상상을 기록하면 꿈이 이루어진다

"책을 써 보는 게 어때?"
"에이. 내가 무슨. 아냐."

나를 잘 아는 사람들은 이렇게 말한다. "책은 뭐 아무나 쓰냐?"라며 대꾸했다. 말 그대로 책을 써낸 사람들은 모두 대단하고 위대해 보인다. 쉽게 범접할 수 없는 어마어마한 사람. 적어도 내가 보기에는 그랬다. 누구나 책을 쓸 수는 있지만 그 '누구나'가 '아무나'는 아니지 않은가. 유명한 사람들은 모두 자기 분야에서만큼은 내로라하는 사람들인데 감히 내가 그 부류에 낄 수 있다는 상상은 해본 적이 없다. 그러던 어느 날 아는 선배가 이렇게 말했다.

"사람은 배워야 한다. 그런데 나이 40이 넘으면 배우려고만 하지 말고 자신이 알고 있는 걸 남에게 베풀기도 해야 한다."

이 말이 그날따라 신선하게 다가왔다. 지금까지 '모르는 게 너무 많아', '아직도 더 배워야 해'라면서 자신을 낮추어 온 나다. 물론 이 말은 맞다. 그렇다면 언제까지 그렇게만 살아야 하는가. 나는 아는 게 없고 다른 사람에게 전혀 도움을 줄 수 없는 사람인가. 아니다. 아는 건 짧지만 나도 다른 사람에게 도움을 줄 수 있지 않을까.

가만히 앉아 살아온 지난날을 돌아보았다. 뭔가를 하고 싶어 애타게 갈망했던 적이 있던가. 뭔가가 되고 싶어 절절하게 욕망했던 적이 있던가. 나라고 왜 꿈이 없었겠는가. 나라고 왜 상상한 적이 없었겠는가. 비록 현실의 고달픔은 있었을지언정 이루고 싶은 욕심이 없었겠는가. 당장 이루지 못했더라도 인생에서 또 다른 도전을 바라보며 달려가고픈 열정이 없었겠는가.

있다. 그러고 보니 내게도 그런 적이 두 번 있다. 뭔가를 상상하면서 뭔가에 몰두했던 때가 생각난다. 아름다운 미래를 상상하면서 절망적이고 암담한 현실을 뚫어내려 애쓰던 때가 있었다. 누구에게 뺏길 수도 누구에게 던져질 수도 없는 내 인생을 멋있게 단련시키려 했다.

첫 번째는 군 시절이다. 나는 육군 현역, 그중에서도 카투사로 입대했다. 대학교 입학 후 입대 전까지 시중에 나와 있는 영어 회화책은 거의 다 섭렵했다. 책 속 영어 표현들이 실제로도 쓰이는지 확인해 보고 싶은 마음이 컸다. 검증된 표현들에 살을 덧붙여 영어 웅변대회에 나가는 꿈도 키웠다. 제대 후에는 후배들에게 내가 쓴 교재로 수업하는 모습도 상상해 보았다. 생각하는 그 자체만으로도 너무 흥분되는 일이었다.

쓰고 싶었다. 미군들과 생활하는 이점을 최대한 살리고 싶었다. 상병이 되면서 조금 여유가 생겼을 때였다. 주중에는 밤늦게, 주말과 공휴일에는 연이어, 명절에는 최대한 시간을 확보했다. 쓰자. 미군들에게 물어 틀린 표현은 바로 잡고 이야기 나누며 새로 들은 표현들은 전부 받아 적었다. 코피까지 쏟아가며 일 년의 시간을 바쳤다.

2개월마다 한 번씩 야외 전투하러 갈 때가 가장 힘들었다. 밤늦게 불을 켜 놓는다고 순찰병들을 마주칠 때가 곤혹스러웠다. 내가 답답한가 그들이 답답한가. 내가 더 답답하다. 꿈은 답답함을 크게 느끼는 사람이 먼저 이룬다. 어떤 상황에서도 나는 굽히지 않았다.

병장이 되었을 때 내가 만든 영어 회화책과 단어집이 마침내 완성되었다. 수백 권이나 되는 책 표지를 직접 만들어 붙이고 제본했다. 더플 백에 담아 집으로 져 날랐다.

한마디로 미친 짓이었다. 누가 봐도 제정신은 아니었다. 그러거나 말거나 머릿속에는 내가 꿈꾸고 상상했던 일들이 무지개보다 더 밝게 빛나고 있었다. 신기루보다 선명한 그 무지개를 내 앞에 펼쳐내고 싶었다. 그렇게 시간이 지나 막연하게만 생각했던 상상 속 일들은 모두 현실로 바뀌었다. 제대하고 많은 후배들 앞에서 수업했다. 전국 영어 웅변대회에 참여해 모두 수상했다. 지금 생각하니 그렇게 '다 되었네!' 신기할 따름이다. 그냥 '꿈' 하나만 부지런히 좇았을 뿐인데.

두 번째는 복학 후 논문 현상 공모를 준비할 때다. 가고 싶은 대학원이 있었다. 재학 중 오로지 공부만 할 요량으로 돈을 모으려 했다. 단기간에 거금을 모으려 두리번거릴 때 '전국 대학(원)생 논문 현상 공모'가 눈에 띄었다. 유독 내 눈에만 크게 들어왔다. 한 치 머뭇거림 없이 도서관으로 향했다. 처음에는 논문 쓰는 방법을 몰랐다. 각주나 미주 다는 방법, 인용하는 방법, 도표 재인용 방법 등을 알기 위해 도서관의 논문이라는 논문은 모조리 훑고 외우다시피 했다.

한 번 응모할 때마다 분량이 원고지 100장 내외였다. 3년 가까이 좀

약 내 나는 도서관에 처박혀 오로지 논문만 썼다. 2주에 세 편 응모했다. 잠자는 시간과 밥 먹는 시간만 빼고 온통 논문 쓰기에 매진했다. 어느 기관 어느 주제라도 빠뜨리지 않고 다 썼다. 후회는 없다. 참으로 행복했다. 미친 열정이 어디서 나왔는지 모른다. 죽을 만치 힘들었지만 작은 꿈 하나 이루겠다는 열정이 나를 떠받쳤다. 상금이라는 보상은 차라리 부수적 대가였다. 꿈을 이루기 위해 돈이 필요했지 돈을 위해 꿈을 잃지는 않았다.

최우수상 받은 논문들이 단행본이 되어 나왔다. 국회 도서관에도 있고 내 책꽂이에도 꽂혀 있다. 힘들 때마다 흔들릴 때마다 책으로 발행된 논문들을 본다. 그때는 무슨 마음으로 이렇게 할 수 있었던가. 그때는 무슨 생각으로 이렇게 하고 싶었던가. 아득하기만 한 시간이다. 그래도 결국 나는 내 꿈들을 이루었다. 몸은 힘들었지만 글을 쓸 때 머릿속에 떠올렸던 미래를 전부 현실에 실현시켰다.

책을 쓴 적이 없다고 생각했는데 가만 보니 책을 내지 않았던가. 직접 만들었든 기관 발행이 되었든 '내 책'이 분명히 있었다. 지금에서야 생각해 보니 새로 소망 하나가 떠오른다. 진짜 '내 책'을 갖고 싶다. 작은 소망이 아니라 큰 소망이다. 생각하면 상상이다. 언제나 상상은 나보다 앞질러 나타난다. 내가 과연 그럴 수 있을까. 내가 다시 한번 내 상상의 도전을 허락할 수 있을까. 직장도 잃고 가족도 힘들어한다. 아무 일도 되지 않는 이때 내 하고 싶은 일을 해낼 수 있을까.

논문 쓰는 틈틈이 시도 썼고 소설도 습작했다. 알아봐 달라 하기 이전에 내 안에 있는 '내'가 자꾸만 나를 들쑤신다. '너를 위해 살았으면 사는 동안 한 번 남을 위해 살 수도 있어야 하지 않겠느냐?'라고. 내게 그럴 용기가 있을까. 용기 이전에 내가 그런 일을 감당해 낼 수 있을까. 감당할 수 있다면 무엇을 먼저 해야 하고 무엇을 먼저 생각해야 하나.

'일 년에 한 권 책 쓰기!'

참으로 무모하다. 책상에 앉으면 글이 도깨비방망이처럼 뚝딱 써진다던가. 한참 생각했다. 누구나 책을 쓸 수 있지만 아무나 책을 쓰는 건 아니다. 나는 '누구나'에 속하는 사람인가 '아무나'에 속하는 사람인가. 잘라 말해 나는 평범한 아무나에 해당하는 사람이다. 묻는다. 특별한 누구나가 있다고 법률에 명시되어 있는가. 비상하고 특출난 사람만 책을 써야 한다고 헌법에 명시되어 있던가.

나는 과거 내 모습을 기억한다. 무엇을 할 때 가장 행복했는지. 글을 쓸 때 가장 행복했고 세상 그 무엇과도 바꿀 수 없는 나만의 세계에 빠질 수 있었다. 거기서 진짜 '나'를 만났다. 무엇을 꿈꾸고 무엇을 바라는지 '내 안의 나'는 안다. 상상으로 출발해 힘듦의 터널을 지나 완성의 현실 역에 도착해 있었다. 한 번의 예외도 없이.

미래 내 모습을 나는 상상한다. 무엇을 가장 하고 싶어 하는지. 유일하게 내가 가장 잘 할 수 있는 글쓰기를 할 때 힘이 솟는다. 미래 모습을 상상하면서 그때 만날 사람들에게 내가 가꾼 꿈과 희망의 열매를 보여 줄 수 있다면 지금은 조금 힘들어도 괜찮다. 사직당해 일이 꼬이고 뒤틀어져 힘들어도 이 일들이 분명히 내가 꿈꾸는 미래로 연결되리라.

05 / 글쓰기로 인생의 빅 픽처를 그려라

'어찌하여 나는 사직을 당했을까!'

회사가 힘들어서? 그러면 내 탓이 아니라 회사 탓이 된다. 내 탓이 아니라 회사 탓이라 하면 누가 나를 대견하다 여길까. 천만의 말씀. 술 한 잔에 동정 한 모금이면 그걸로 끝이다. 은근히 누군가에 기대어 어설픈 위로를 받겠다 생각했다면 두 번 생각하지도 말고 이내 생각을 접어야 한다. 아무리 그래봤자 달라지는 건 하나도 없기 때문이다.

능력이 없어서? 그러면 자신을 너무 우습게 보는 꼴이 된다. 한없이 나무라고 자책하면 누가 나를 불쌍히 여겨 줄까. 얼토당토않다. 한 번은 불쌍하다 여기겠지만 두 번은 돌아보지 않는다. 적당히 아무나 붙잡고 하소연해 봤자 다들 자기 삶 하나 살아가기 바빠 아무 소용없다. 왜 나만 안 됐고 초라하다 느끼는가. 그래봐야 바뀌는 건 없다.

허투루 살아오지 않았는데 허망하게 끝나서야 되겠는가. 명예퇴직, 권고사직, 경제위기, 실업대란. 남들이 만들어 놓은 구실에 분류되면 잠시라도 안심되던가. 어쩔 수 없었고 어쩔 도리 없으니 이해해 달라 소리쳐도 세상은 그렇게 호락호락하지 않다. 힘들게 만들어 놓고 힘든 세상으로 끝없이 걸려들게 만드는 게 현실이다. 집에서 하릴 없이 지내는 동안 확연하게 느낀 이 생각 하나가 끝도 없이 나를 착잡하게 만들었다.

외부 상황이 어쩔 수 없어 그랬다 쳐도 남은 인생 무시하고 여기서 삶의 종지부를 찍을 수는 없는 노릇이다. 아직은 너무 이르다. 넋 놓고 있으면 맥도 못 추고 그냥 지나간다. 무엇을 할 수 있을지 생각나지 않는다면 무엇을 하고 싶은지 떠올려야 한다. 설령 가진 게 없다 하더라도 하고 싶은 게 없다면 그 사람은 구제 불능이다. 비록 처한 현실이 구차하지만 만일 이루고 싶은 뭔가가 있다면 그 사람은 소생 가능하다. 지금 당장은 여건이 되지 않지만 구상하는 게 있다면 언젠가는 원하는 바를 이룰 수 있다. 생각하고 구상하는 일들이 명확하고 구체적일수록 확률은 더 높다.

"앞으로 회의록은 어 부장이 작성하도록!"

확대 간부 회의할 때였다. 같은 공간, 같은 시간에 하달된 지시 사항이 한 주가 지나면 개인마다 부서마다 중구난방이었다. "내 말이 이렇고 네 말이 그런가?" 제각각이었다. 이래서는 안 되겠다 마음 굳힌 사장이 직원들 전부 있는 앞에서 지시했다. 이견과 이설이 생기지 않도록 양식을 새로 만들고 검토와 결재가 한눈에 확인되도록 하라는 분부였다.

'왜 하필 나인가?' 정말 하기 싫었다. 단순히 '싫다.'가 아니라 '지겨웠다.'라는 말이 더 맞다. 서기는 중학교 때부터 자의 반 타의 반 신물 나게 해 오던 일이다. 학급 미화 심사가 있으면 칠판 글씨는 누구라

할 고민도 없이 내가 도맡아 해야 했다. 그토록 짜증나는 회의록 작성을 나에게 또 시킨다. 보는 사람이야 그냥 훑으면 끝날 일이겠으나 작성하는 사람은 쓰고 고치고를 몇 번이고 반복해야 한다. 모든 이의 생각을 다 담아내야 하기 때문이다.

그때는 그랬다. 무척이나 하고 싶지 않았는데 어느 날 동료 부장 하나가 이렇게 말했다. "처음 회의록 봤을 때 이 사람 꽤 책 많이 읽은 사람인 줄 알았다." 그는 중도 입사자였다. 괜한 말로 둘러대는 말 같지는 않았다. 분부를 하는 사람이나 회의록을 보고 뭐라는 사람의 말뜻을 그때는 몰랐다. 여러 사람이 한결같이 말할 때는 분명히 이유가 있다. 그렇다면 귀를 열고 들을 필요가 있다.

"가슴에 꽂은 펜은 뭡니까?"

나는 오래 전부터 나만의 트레이드마크가 하나 있다. 휴대전화기가 친숙해지기 전부터 그랬으니 꽤 오래되었다. 늘 양복 셔츠 윗주머니에 파란 펜과 빨간 펜을 꽂고 다녔다. 어떤 이들은 왜 그러느냐고 묻곤 한다. 평소 펜과 메모지는 한 손을 뻗으면 바로 나올 수 있어야 한다는 지론을 나는 갖고 있었다. 생각은 항상 기록보다 빠르다. 거침없이 뻗어가는 생각 줄기를 단숨에 낚아채기가 여간 쉽지 않다. 그나마 그렇게라도 생각이 번뜩 스쳐 갈 때 잡는 방법은 줄기차게 적는 수밖엔 없다. 언제 어디서라도.

고객들을 만날 때라 해서 예외는 아니다. 담소를 나누다 보면 중요한 정보가 나오는 경우가 있다. 명언이 나올 때도 있고 재미있게 읽은 책을 소개해 줄 때도 있다. 때로는 막힌 곳이 봇물 터지듯 중요한 소재가 만들어질 기미가 보이는 경우도 있다. 나는 이 순간을 매의 눈으로 바라본다. 잔을 부딪치고 내려놓는 그 오묘한 막간을 이용해 화장실에 간다. 스케치하듯 포스트잇에 잽싸게 메모한다. 아무 표시 나지 않게 나만의 정보를 차곡차곡 쌓아 둔다.

늘 회식이나 고객 접대만 하지는 않는다. 따로 자기 계발이 없었기에 나 자신을 계발하기 위해 프로그램을 짰다. 퇴근 후 시간은 나만을 위해 쓰려고 했다. 북 콘서트가 있다는 안내 메일이 오면 갈무리해 뒀다가 참석했다. 책에서 하지 못한 이야기를 듣기 위해 작가를 찾아갔다. 명사 특강이 있으면 그 또한 빠짐없이 참석했다. 아직 세상에 알려지지 않은 이야기 TV에 소개되지 않은 일화를 들으러 특강에 갔다. 심심하지 않도록 언제나 이들이 나와 함께 따라나섰다. 강연이 끝나고 사진도 찍고 사인도 받았다.

나 홀로 집에서 글을 쓰면서 문득 이런 생각이 들었다. 지나간 소소한 일들이 과연 막무가내 흘러간 과거였던가. 별 볼일 없이 우연처럼 일어난 그만그만한 일들이었나. 별 뜻 없이 내게 일어난 조그마한 일상에 불과했을까. 그 작은 알들을 줄 하나에 끼워 보았다. 다이아몬드가 아닌 큐빅이어도 좋다. 핵진주가 아닌 플라스틱 진주여도 좋다. 가느다랗게 이어놓고 보니 뭔가가 내게 말을 거는 듯했다.

'당신은 글을 쓰기 위해 태어난 사람. 인생의 더 큰 그림을 그려라!'

맞다. 무릎을 쳤다. 강연을 들으며 나도 그들을 많이 부러워했다. '나도 언젠가 저 자리에 서야지.' 사인을 받으면서 그들을 크게 질투했다. 나도 저 자리에서 다른 사람들에게 사인을 해 줬으면. 나는 왜 안 된다 생각하는가. 옛날에 그랬듯 지금도 하면 되지 무엇이 문제인가. 말리는 사람이 있는가 방해하는 사람이 있는가. 문제라면 시도해 보지도 않고 될지 안 될지부터 먼저 고민하는 나 자신이 문제였다.

써 보자. 지나간 날들은 몰랐다고 치자. 되짚어 묻지 않겠다. 이제 알았다면 내 인생에서 무슨 그림을 그렇게 그리고 싶은지, 꼭 이루고 싶고 반드시 해내고 싶은 소망은 무엇인지 기탄없이 적었다. 이것만 해낸다면 후회하지 않겠다 마음먹은 걸 썼다. 되고 안 되고는 내가 판단할 문제가 아니다. 그냥 되고 싶고 하고 싶은 바람을 써 보기로 했다.

    서기를 하고 회의록을 씀 → 책을 쓰고 칼럼을 씀
    퇴근 후 특강, 강연을 다님 → 직접 전국 강연을 다님
    펜을 셔츠에 꽂고 다님　　 → 저자 사인을 직접 함

그럴듯하게 보인다. 아니 내 인생에 뭔가 큰 그림이 그려지는 듯하다. 언제까지 집에서 글만 쓰고 있을 수는 없다. 지금은 '행동'해야 할 때다. 큰 걸음 내딛기 전에 사기 점검했다 여기면 된다. 백수로 보낸 시간이 의미 없다 생각하면 안 된다. 그렇게 오랜 시간 홀로 보냈을 때는 분명히 이유가 있다. 과거 내가 한 일들이 지금 내게 이야기하고 있지 않은가. '움직이라!'고. 지금 내게 필요한 건 결심과 행동이다.

글을 쓰면서 알았다. 과거 내 안에서만 머물며 만족하던 시기에서 벗어나라. 탈피하라. 과감하게 껍질을 벗지 않고 머물러 있으면 혼자 만족으로 인생을 마감하게 된다. 남아 있는 인생이라면 충분하다. 내 꿈을 이루기에 결코 짧지 않다. 그림을 그려야 한다. 인생의 빅픽처를 그려야 한다. '나'만 할 수 있고 '나'라서 할 수 있는 일에 도전하자. 작

은 내 '안'에서 우쭐하지 말자. 나를 알고 더 큰 '나'를 세상에 드러내라. 움츠리고만 있기에는 너무 좁고 갑갑하다. 답답한 현실을 뚫고 세상 밖으로 떠나자. 그것이 과거가 내게 하고 싶은 말 아닐까. 지금의 내가 미래의 나에게 말을 거는 방법 아닐까.

06
글쓰기는 또 다른 나를 성장시킨다

"아빠, 덥지 않아요?"
"응. 조금만 참아."

밖은 한여름 뙤약볕이 작열했다. 안은 가마솥 찜통으로 들끓었다. 창밖 매미는 따갑게 울고 베란다 안 아이들은 땀범벅이다. 작년에는 선풍기로 오뉴월 한철을 나다 땀띠가 났다. 해가 바뀌었지만 애들에게 별다른 대책을 마련해 주지 못했다. 이러다가 애들 잡는다. 방학이 되어도 물놀이 한 번 보내줄 수 없는 내가 해 줄 수 있는 유일한 방법이 하나 있다.

도서관에 삼부자가 갔다. 끼니는 빵과 두유 아니면 주먹밥이다. 추레해 보이기 싫어 즐거운 마음을 먹었다. 등교하지 않는 아이를 데리고 집에 있자면 점심 해 먹이는 게 가장 큰 일이다. 적어도 작년과 같이 미련하게 여름을 나게 하지는 않으리라. 기쁜 마음으로 다독였다. 중복이 지나면 입추다. 그러면 가을이다. 선풍기 하나만 있으면 너끈하게 여름을 날 수 있다.

아직 초등학생이라 보채지 않아서 그나마 고맙다. 쉽게 끝나지 않을 듯한 이 시간을 언제까지 끌고 갈 수 있을까. 나만 쓰러지지 않는다면 과연 끝은 날까. 애들이 웃고 있으니 행복하다 여겨도 될까. 언제까지 내가 흔들리지 않고 버틸 수 있을까. 가장이 실직하니 내가 힘든 게 아니라 알게 모르게 가족 모두가 힘들어졌다.

막막했다. 쉬겠다고 생각한 적도 놀겠다고 마음먹은 적은 한 번도 없었다. 그러니 무엇을 하더라도 닥치는 대로 하겠노라 덤벼댔다. 편의점 아르바이트도 알아보았고 학원 강사 자리도 알아보았다. 관광 통역도 알아보았고 베이커리에 납품할 수 있는 '빵차' 일도 생각해 보았다. 보험일은 맞을까 헤드헌팅 일은 어떨까 소개도 받고 출근도 해보았다. 미래를 생각하며 행정사 시험도 쳤다. 아파트 공사 현장에서 일당 잡부로도 일했다. 뜻과는 반대로 그 어떤 일도 되질 않았다. 눈물이 솟는데 어디 가서 울지도 못할 나이에 이르렀다.

"아빠, 학교에서 과제 모임을 해야 하는데…."
"잘됐네. 재미있게 해 봐."
"그런데. 그런데…."
"왜? 뭐가 문제인데? 말을 해야 알지."

별 말이 없으니 별 문제 없는 줄 알았다. 늘 웃고 있으니 다 잘 되는 줄로만 알았다. 나만 무슨 수를 써서라도 일어서면 되는 줄 알았다. 느닷없이 큰애가 운다. 한 번도 운 적 없는 듬직한 아이였는데. 제 엄마가 간신히 물어보았다. 힘겹게 묻자 겨우겨우 어렵게 대답했다.

"모임 조장인데 휴대폰이 없어요."

아뿔싸. 속 깊은 줄 알았는데 너무 속이 깊어 버렸다. 동생이랑 늘 재미있게 떠들고 잘 노니 별 문제 없는 줄로 알았다. 지금 보니 겉은 멀쩡해도 속은 나보다 더 훤히 알고 있는 듯했다. 아빠라는 사람이 이러니 말은 못 하고 혼자 속으로 끙끙 앓고 있었다. 말해 봐야 못 사줄 게 뻔하니 제 속은 오죽했을까.

"미안하다. 그건 네 잘못이 아니다."

방법을 찾아야 했다. 살 수 있는 방법을 찾아야 한다. 이왕이면 돈이 되는 방법을 찾아야 한다. 지금까지 그저 놀고 있지만은 않았는데 무슨 방법으로 이 난관을 뚫고 나갈까. 해볼 만큼은 해 봤다. 안 된다. 찾아볼 만큼 찾아봤다. 돌파구가 아니다. 어떻게 해야만 할까. 나더러 어떻게 하란 말인가. 엎드릴 수도 엎어질 수도 없다. 넘어질 수도 꿇을 수도 없다.

진짜 슬프다면 눈물 흘리지 말고 눈물을 삼켜라.
사랑받고 싶겠지만 아직 네가 사랑해야 할 사람이 있다.
위로받고 싶겠지만 아직 네가 더 돌봐야 할 사람이 있다.
산소 도둑처럼 한 세상 간신히 숨만 쉬다 갈 사람인가.
너만의 멋진 세상을 가져보고 완성된 삶을 구축할 텐가.
진짜 이루고 싶다면 진짜 네 일을 찾아라.

다짐받았다. 글쓰기에서 다짐받았다. 한 털 한 끗 셈하거나 값하지 않고 자신을 내리쳤다. 내가 내 자신에게 다짐받았다. 내가 가진 모든 걸 걸고 해낼 만한 일이 무엇인지 냉정하게 물었다. 직장에서 일한 날들보다 더 맹렬하게, 공사장에서 일한 날들보다 더 치열하게 할 수 있는 일이 무엇인가. 주어진 인생을 살지 말고 선택하는 인생을 살자. 눈치 보며 살지 말고 당당하게 살아가자. 한 번 그랬으면 두 번은 그러지 말아야 한다. 빌붙지 말고 어엿하게 살아가야 한다.

"여보, 나 결정했어."
"뭔데요? 궁금해요."
"작가로 살아가기로."
"당신은 왜 애들 아빠로 안 사는데?"

능력이 없지도 실력이 없지도 않은데 아무래도 내 말이 너무 한심했나 보다. 고심 끝에 내린 결론이 '작가'라니. 글을 쓰지 말라고도 작가가 되지 말라고도 안 한다. 해도 된다. 그런데 왜 하필 지금이냐는 거다.

"왜 아빠로 살지 않고 어성호로 살아가려 하는데?"

아내를 이해 못 하는 게 아니다. 너무도 당연한 반응이다. 결심을 말했을 때 보인 그 눈빛 그 표정을 지금도 나는 잊지 못한다. 아내는 내가 취업하기를 바랐다. 재취업하면 몇 년은 더 안락하게 살 수 있지 않은가. 편한 길을 놔두고 왜 자초해서 어려운 길을 가려 하느냐는 뜻이다. 된다는 보장도 없는 마당에. 그보다 당장 먹고살아야 하는 절박한 문제는 어쩌고. 못 믿어서도 못 미더워서도 아니다. 한다면 한다는 성미는 알지만 그 힘으로 좀 더 쉬운 선택을 해 줬으면 하는 게 아내 바람이다.

이제 내 안의 내가 시킨다. 평범하게 살고 싶지 않으면서 왜 평범하게 살길 바라는가. 평범하게 살았으면 한 번쯤은 남과 다르게 살라 한다. 평범하든 평범하지 않든 나이 들어 죽는 건 마찬가지다. 그렇다고 죽는 게 두려워 움직이지 않는다면 차라리 지금 당장 목숨을 내놓는 게 낫다. 만일 하나뿐인 목숨을 제대로 살리려 한다면 네 하고 싶은 '일'을 하라. 이것이 '내'가 '네'게 주는 마지막 선물이다.

나는 그렇게 다짐받았다. 나는 글쓰기에서 그렇게 다짐받았다. 내 안에 내가 있음을 안다. 내 안의 내가 내 생각보다 거인이라는 사실을 안다. 그 거인이 제 안을 박차고 나오려 한다. 겁내거나 두려워할 일은 없다. 무서워서 못 할 일도 없다. 아이들 눈망울을 보고도 그런 생각이 나는가. 아이들의 땀방울을 보고도 그런 마음이 드는가. 그보다 더한 느낌이 있다면 움직여야 한다. 울컥하는 마음이 든다면 행동해야 한다. 늦지 않다. 늦을까 잴 시간에 내 안의 나를 돌아보라. 무엇을 말하고자 하는지.

07 글쓰기에서 나아가 책 쓰기에 도전하라

늘 책에서 떠나지 않았다. 늘 손에서 책이 놀아났다. 글쓰기를 하면서 책에 묻혀 살았다. 책에 파묻혀 책과 같이 뒹굴었다. 서서 가든 앉아 가든 출퇴근 지하철에서 언제나 책을 읽었다. 외근을 가도 출장을 가도 가방에는 늘 읽을 책 한두 권이 들어 있었다. 한두 끼 밥은 안 먹을 수 있어도 책을 읽지 않고는 지낼 수 없다. 새로 나온 소설, 새로 나온 시집을 읽는 재미는 그 무엇과도 바꿀 수 없다. 읽을 책의 장르는 구분을 따로 두지 않는다.

월급을 받으면 유일하게 사치하는 게 딱 두 가지 있다. 책과 음악 CD다. 한 달 수고한 나에게 주는 선물이다. 물로 몸을 씻듯 마음을 정화하는 게 책이고 영혼을 맑게 하는 게 음악이다. 만나지는 못하지만 한 작가의 생각을 가장 싼 가격에 만나는 역할을 책이 가능하게 만든다. 자신만의 소신을 한 권의 책에 담기 위해 작가는 얼마나 힘겹게 원고를 써 나갔을까. 그런 생각으로 받아든 한 권의 책 속에는 작가의 치열한 고민이 고스란히 담겨 있다.

"외근하고 회식하고 그 많은 책은 언제 다 읽어요?"

책 사는 양을 보고 한 직원이 물었다. 문고판이나 단행본은 물론이고 국배판 크기 책도 수시로 사들인 사람이 과연 읽기는 다 읽을까. 으스댈 양으로 돈푼만 축내는 건 아닌지 의아했던 모양이다. 그러건 말건 주문한 책을 읽노라면 자정 넘기는 일은 다반사다. 책 읽다 밑줄 긋고 그 내용을 다시 다른 공책에 옮겨 적다 보면 잠자는 시간이 아까워 허구한 날 새벽에 잠들었다. 책을 사고 책을 읽는 일. 회사에 다니면서도 유일한 낙이 있다면 바로 그것이었다.

차분히 둘러보니 문제가 하나 있었다. 그렇게 많은 책을 읽었는데 기억에 남는 게 하나도 없다. 몇 번씩 읽은 책 말고는 돌아서면 내용이 이내 잊혔다. 읽을 때는 분명히 재미있고 감동적이었다. 누구보다 열렬한 독자이고 누구보다 글쓰기를 사랑하는 나인데 별반 달라지는 게 보이지 않았다.

무엇을 바라고 한 일은 아니지만 너무 아깝다는 생각이 들었다. 지식 자랑을 위해 책을 읽는다면 그것은 지적 허영이다. 대형 서점의 트렌드를 파악하고 TV 토크쇼 유행을 좇기 위해 책을 읽는다면 그것은 단지 문화 소비자일 따름이다. 남는 게 없다면 무엇을 위해 애타게 책을 읽고 글을 쓰는가. 자기만족에 그칠 수 없다면 조금 생각을 달리할 필요가 있다. 퇴사하고 집에 있는 동안 큰 결심을 하게 된 데는 이런 이유가 크게 작용했다.

"내 살아온 걸 쓰면 대하소설이야."
"죽기 전에 책 한 권을 써야지."

그런 대하소설은 주변에 지천으로 널렸다. 말로 떠들어대는 이야기는 아무도 귀담아듣지 않는다. 확인할 방법이 없잖은가. 아무리 읽어도 기억에 없고 살아온 이야기가 대단하다 해도 기껏해야 회식 자리 안줏감 정도다. 그래봐야 그 어떤 사람도 무용담을 들어주지 않는다. 마치 남자들이 군대 이야기를 제일 듣기 싫어하듯이.

써야 한다. 반드시 써야 한다. 백 번 듣느니 한 번 쓰는 게 최상이다. 다들 왜 꼭 죽기 전에 쓰려 할까. 지금 못 쓰는데 죽기 전에는 쓸까. 꼭 쓰겠다는 말은 꼭 못 쓴다는 말과 같다. 누구도 읽어주지 않는 자서전 써서 뭣하게. 지금만 해도 바빠서 아무 일 못 하는데 죽기 전에는 한가해질까. 한가해지면 써질까.

글쓰기를 하면서 깊은 고민 끝에 내린 결론이다. 쓰자. 무조건 쓰자. 당장. 조금도 머뭇거리지 말고 지금 바로 책을 쓰자. 아무리 읽어도 기억에 남지 않고 그렇게 읽어도 달라지지 않는 나를 위해 같은 방법을 고수할 수는 없다. 무작정 글만 쓴다고 될 일도 아니다. 이왕이면 나를 좀 더 높은 곳에 둘 수 있어야 한다. 책을 읽고 글을 쓰면서 알게 된 사실을 좀 더 널리 알릴 수 있어야 한다. 어쩌면 그것이 내가 그토록 바라던 일이 아닐까. 달라지기 위해 발버둥 치더라도 제대로 알고 가야 하지 않겠는가.

지금까지 나 역시 글에 관한 한 청맹과니처럼 살아왔다. '열심히 시를 쓰고 소설을 쓰고 습작하다 보면 신춘문예에 등단하고 작가가 되겠지.' 이렇게만 믿고 지난 시간 틈나는 대로 썼지만 이제야 보니 결국 아까운 시간만 보내고 있었다. 과거 시간을 후회하지는 않지만 꼭 그런 방법만이 작가가 되는 길은 아님을 알았다. '언젠가는 나도 글을 쓰고 내 이름으로 된 책을 내야지' 했지만 쉽게 방법이 보이지 않았다.

작가는 타고나지 않는다. 누구나 갖는 고정관념만 깬다면 작가가 될 수 있는 길은 쉽게 찾을 수 있다. 운전 면허증을 따기 위해 운전학원 가는 건 당연하다. 요리사 자격증을 따기 위해 요리학원 가는 건

정해진 코스다. 혼자 집에서 자차로 운전 연습할 수도 있고 독학으로 요리 연습해서 합격할 수도 있다.

만일 이미 그 길을 앞서간 멘토의 조언을 받을 수 있다면 그만큼 시간과 노력을 벌 수 있는 일이다. 혼자 글을 쓰고 책만 읽을지 아니면 작가가 될지 선택하는 것만큼 중요한 일이다. 시간의 가치를 아는 사람은 시간을 벌 방법을 택하는 것이 맞다.

글쓰기와 책 쓰기가 다르다고 하는 이유는 있다. 나만의 지식과 경험을 바탕으로 하나의 메시지로 만들고 그에 맞는 사례와 자료를 곁들이면 누구나 공감할 수 있는 한 권의 책이 완성된다. 어려운 문학 이론이나 강의 시간에나 들을 법한 원론이나 개론을 들먹이지 않는다.

시나 소설과 같은 문학적 수준을 요구하지 않는다. 상을 받겠다는 목적도 평론가로부터 평론을 받겠다는 의도도 아니다. 생각의 방향을 바꾸고 관점을 바꾸었다. 나만의 고유한 스토리에 진심이 담긴 자신만의 언어로 옷을 입히는 작업이다.

생각보다 길은 쉽다. 내 이름 석 자로 된 '책'을 내는 일이 어느 특별한 사람만이 할 수 있는 특별 행위가 아니다. 지금도 많은 사람들이 책 쓰기에 도전하고 있다. 시간은 하루도 쉼 없이 흐르고 있다. 머뭇거리지만 말고 자신의 소중한 경험과 생생한 이야기를 다른 사람에게 들려주자.

열혈 독자보다 소문난 글 솜씨보다 더 중요한 일은 '책 쓰기'다. 평생 책만 읽다 갈 건지 아니면 책 한 권 써서 소중한 인생을 더욱 빛나게 할 건지 결정하자. 갈수록 많은 사람이 책 쓰기에 도전하고 있으며 결실을 거두고 있음을 나는 보고 있다. 늦었다고 생각할 때가 가장 빠른 때라는 사실이 중요하다.

생각을 바꾸고 관점을 바꾸면 새로운 세상을 본다. 혼자 글만 쓰고 있으면 영원히 누군가의 추종자로 살아가게 되지만 책을 쓰는 순간 나는 많은 사람의 멘토로 살아간다. 삶의 방향이 바뀌고 인생이 즐겁게 차선을 변경한다. 시작은 미약하더라도 책을 쓰는 과정에서 부족한 자질이 메워진다. 시도도 하지 않고 겁부터 낼 필요는 없다.

'책을 읽고 글을 써서 내가 하고 싶은 일이 진정 무엇인가?' 자신에게 던진 이 질문의 답을 얻었다. 집안에 틀어박혀 혼자 책 읽고 글쓰기 하던 인생에 빛이 새어들었다. 도무지 생겨나지 않을 일이 일어난다면 그것을 기적이라 부른다. 나는 기적을 믿지 않는다. 기적 같은 일이 일어났다. 다른 누구도 아닌 나에게.

회사 생활 내내 줄곧 글만 써 오던 내게 다른 길, 다른 방도가 찾아왔다. 같은 글을 쓰더라도 어떤 마음가짐 어떤 행동거지냐에 따라 삶의 물줄기가 바뀔 수 있음을 알았다. 예전의 내가 아니라 이제 새로운 나로 바뀌고 있었다.

08 / 글쓰기가 최고의 스펙이다

"왜 박사 공부하지 않으셨습니까?"

세상에 이것만치 어리석은 질문이 없다. 따져 묻는다면 이런 질문을 심심풀이 질문이라 부른다. 궁금하지도 않은데 별 관심 없이 그냥 던져보는 질문이다. 답을 해도 심드렁, 답을 들어도 심드렁한 질문이다. 나이가 찼는데 결혼은 왜 안 하나. 결혼은 했는데 애는 안 낳나. 첫째 아이 낳았으면 둘째는 안 낳나. 고등학생이 대학교는 가야지. 석사 했으면 마저 박사 마쳐야지. 질문을 위한 질문이다. 밑도 끝도 대책도 없이 마구잡이로 던져대는 질문이다.

대학원 갈 때는 공부가 미치도록 하고 싶었다. 학위가 갖고 싶은 게 아니라 젊은 학창 시절 학구열에 불타 보고 싶었다. 석사를 한 게 아니라 공부를 했다. 마찬가지 이유로 박사라서 교수들을 존경하지 않는다. 그분들 인품이 특출해서 존경한다. 주변에 박사들은 많다. 가족 중에도 있고 친구, 선후배 중에도 있다. 그들을 한 번도 부러워해 본 적은 없다. 내게 없는 걸 다른 사람이 갖고 있다 해서 부러워하지는 않는다. 그것은 치기 어린 질투에 지나지 않는다. 내가 박사가 아니라서 단지 박사 학위를 가진 사람을 부러워해야 할 이유는 없다.
　시직을 당하고 보니 모든 삶이 리셋되었다. 돈이고 학벌이고 능력이고 아무 소용이 없었다. 어디에라도 척척 들어맞는 만능키라도 되었더라면 좋았겠지만 사직 앞에서는 백약이 무효였다. 회사가 무너져 사라진다는데 무슨 소용이 있더란 말인가. 배운 걸로도 가진 걸로도 아무 쓸모 없음을 그때 처음 알았다. 모두 원점으로 되돌려졌다.
　법인은 존재 의미가 유명무실해졌고 개인은 존재 의의를 상실했다. 가치를 새로 부여받지 못하면 '나'는 아무짝에도 쓸모없는 날품팔이 신세 딱 그 짝이었다. 지나간 모든 건 없다 치고 새로 태어나야만 했다. 번듯하고 단단한 뭔가를 몸에 지녀야만 거듭난다. 리셋되어 재부팅되기 전에 필살기가 필요했다. 단 한 번에. 나라서 할 수 있고 나만이 부릴 수 있는 특수 비법이 필요했다.

　"아빠. 저 사람, TV에 나오는 사람 맞지?"
　"그러네. 강연이 끝났나 보네!"
　"아빠. 지금 사인하나 봐요. 가 봐요."

　학교 방과 후 수업의 연장으로 체스 경기를 하러 갔다 우연히 사인회를 봤다. 아이들이랑 줄을 서서 기다리는데 난데없이 심장이 뛰었다. 흔하지 않은데 가끔씩 나도 모르게 심장이 두방망이질 치는 경우가 있다. 필시 거기에는 이유가 있다. 나 자신의 말로도 해석하기 힘든 경우가 그렇다. 대개 나쁜 쪽보다는 좋은 쪽이 그러하다. 몸보다 가슴이 먼저 반응하는 얄궂은 경우다. 지금 그 경우를 겪고 있다.

'저 자리에 내가 앉아야 하는데.'

가슴 속에서 정체 모를 메커니즘이 작동하고 있었다. 왜 그랬는지 왜 그래야만 하는지 나도 이해가 가지 않았다. 그냥 심장이 마구잡이로 뛰었다. 좀체 진정되지 않았다. 왜 그 장면을 보고 내 심장이 소용돌이치는가. 붙잡으려는데도 왜 갈피를 못 잡고 날뛰는가. 잘못된 건 하나도 없는데 보면 볼수록 부럽다는 생각이 들었다. 웬만해서 세상 부러울 게 없는 사람이 뜬금없이 불시에 나타난 한 장면을 보고 이렇게 정신 못 차린단 말인가.

머리보다 가슴이 먼저 반응하는 데는 이유가 있다. 아무 답도 찾지 못하고 집으로 돌아왔다. 그토록 애타게 찾던 답이 이 안에 있지 않을까. 이 궁금증을 제대로 풀 수 있다면 내가 살아가는 의미를 발견할 수 있지 않을까. 나이가 몇인데 애들처럼 TV에서 본 사람을 봤다고 흥분할까. 그런 사람들은 이미 특강에서도 저자 강연회에서도 여러 번 봤다. 연주회 콘서트에서도 숱하게 봐 왔다. 그렇다면 무엇이 나를 가슴 뛰게 했을까.

일이 잘 안 풀리거나 답답한 일이 있으면 책꽂이에 꽂힌 책을 쓱 훑는 버릇이 있다. 꽂힌 책들을 보면 그냥 기분이 좋아진다. 책 속에 길이 있다지만 그 많은 책을 다 꺼내 펼칠 수는 없으니 책 향기 맡듯 기분으로 음미한다. 책꽂이에 기대어 눈을 감았다. '무엇이 나를 그렇게 만들었을까?' 한참을 그러고 난 뒤 슬그머니 눈을 떴다. 우연히 책 한 권이 눈에 띄었다. 푸른 피라 불리는 양준혁 선수의 『뛰어라! 지금이 마지막인 것처럼』이라는 책이었다.

옆에도 또 그 옆에도. 비슷한 책들을 꽂아 두고 있었으므로 수많은 운동선수들의 책들이 줄줄이 연거푸 눈에 들어왔다. 읽을 때는 그냥 재미있게 읽었겠지만 낮에 본 장면과 겹쳐 새롭게 눈에 띄었다. 저 사람들 모두 운동선수로서 현역 시절은 누구보다 화려하고 멋있게 살았다. 이제는 운동선수가 아닌 인생 2막을 개척하기에 앞서 하나같이 개인 저서를 펴냈다. 새로운 인생 도약을 꿈꾸며 연착륙을 위한 포석으로 살아온 일들을 기록으로 남겨 대중에게 다가갔다.

그리고 보니 TV에 소개된 명강사들을 보면 일관되게 공통된 점이 하나 있다. 바로 자신의 이름으로 된 개인 저서가 있다는 사실이다. 바꿔 말하면 개인 저서가 없는 사람이 유명 인사가 될 일은 없다는 말이 아닌가. 다시 말해 '유명해지고 싶다면 책을 써야 한다'는 뜻이다. 유명해진다는 말은 곧 자신의 꿈을 세상에 드러낸다는 이야기다. 세상은 나의 말을 들으려 하기보다 나의 이야기를 먼저 만나고자 한다. 그러자 책꽂이에 꽂힌 책의 제목이 새삼 새롭게 눈에 들어오기 시작했다.

그동안 계속 글을 써 왔다. 대학에 복학해 도서관에서도 썼고 직장에서도 썼다. 글을 썼기 때문에 좋은 일들이 많았다. 사직하고 집에서도 하루도 빠짐없이 매일 글을 썼다. 내 인생을 살아야 하는데 여태까지는 방법을 못 찾고 있었다. 이제 그 답을 알 듯하다.

'내 이야기로 글쓰기 하라!'

많은 사람이 글을 쓰고 책을 쓴다. 개그맨, 배우, 가수, 아나운서 모두 글을 쓴다. 글쓰기가 경향이나 대세 혹은 흐름이 아닌 필수인 시대다.

스펙이 한때는 학벌이나 학력을 말하기도 했고 또 한때는 자격증을 뜻하기도 했다. 그렇다면 이 시대 최고의 스펙은 무엇일까. 무엇이 자신을 다른 사람들과 차별화를 이루고 특별화를 만드는가. 자신을 어떻게 포지셔닝해야 이 시대에 발 빠르게 적응하며 살 수 있을까. 일찌감치 나는 전공 수업에 올인하겠다는 생각은 버렸다. 수석 졸업했다손 치더라도 입사 때 딱 한 번 써먹기 위해 젊은 날 소중한 시간을 보내고 싶지는 않았다. 못했음에 대한 자기 탄식이 아니다. 대신 나만의 길을 찾고 싶었고 더더욱 치열하게 글쓰기에 매달렸다.

글을 쓰는 동안 지금까지 누구에게서 글쓰기를 배워 본 적이 없다. 논문 현상 공모도 혼자 도서관에서 오로지 '쓰는 일'에만 집중하며 보냈다. 수많은 불면의 날들을 보내면서 원고를 썼다. 글쓰기를 어려워하는 직장인뿐만 아니라 초등학생, 중고등학생, 대학생, 성인들을 위해 〈어성호글쓰기연구소〉를 설립했다. 〈어성호의 글쓰기〉, 〈오전 10시 엄마의 글쓰기〉, 〈우리들 꿈나무 글쓰기〉 수업을 통해 글쓰기 경험과 노하우를 아낌없이 전달하고 있다. 도움이 필요한 사람 누구에게라도 기꺼이 멘토가 되어 주려 한다.

내 인생에서 나는 주인공으로 살고 싶다. 조연이 아닌 주연으로 말이다. 다른 건 몰라도 '내 인생'에 대해서만큼은 당당한 '주연'으로 살고 싶다. 평범함을 거부하고 비범한 사람으로 거듭나고 싶다. 그 선택은 내 이름으로 당당하게 '책'을 쓰는 순간 결정된다. 글 쓰는 사람만 자신의 인생을 바꿀 수 있다. 바뀌고 싶다면 글쓰기 길로 들어서면 된다. 이미 그 길을 걸어왔고 이제 그 길을 걸으면 이루어진다. 내가 그토록 가슴 뛰었던 일은 나 또한 그렇게 되고 싶었기 때문이다.

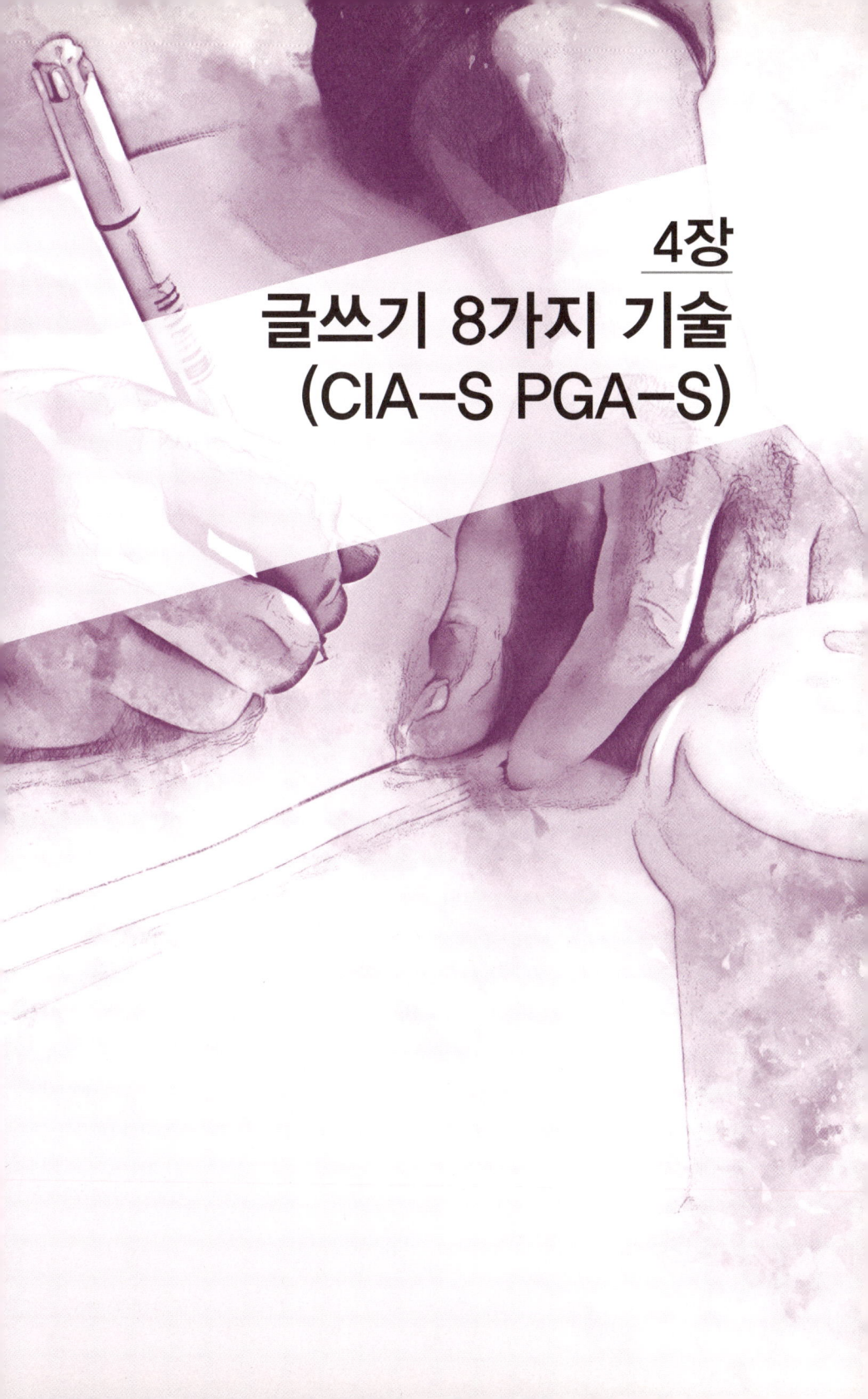

4장
글쓰기 8가지 기술
(CIA-S PGA-S)

01 / 정보 모으기(Collecting): 긍정에 사랑 더하기

"어 차장님. 작성하신 CCTV 사업계획서 어디 있어요?"
"컴퓨터 켜고 D 루트 디렉토리 밑에 사업계획서 폴더 밑에 CCTV 열어봐요."

외근 나갔는데 내근하는 김 대리로부터 전화가 왔다. 어제 올린 사업계획서 원본을 임원이 급하게 찾는다는 전갈이었다. 1초 머뭇거림 없이 곧바로 답이 나와야 하는 상황이다. 순식간에 찾아야 한다. 나의 머릿속에서는 CCTV 사업계획서를 찾지 않는다. 이 파일이 위치하고 있는 폴더를 찾는다. 자료를 찾는 게 아니라 자료의 분류 속성을 찾는다. 이런 일은 흔하다. 이럴 줄 알고 처음 파일명을 정하고 컴퓨터에 저장할 때부터 나중에 찾을 때에 대비해 분류 속성을 의식하며 저장해 뒀다.

"어떻게 자료가 금방 그렇게 찾아져요?"라며 김 대리가 궁금해 물었다. 나는 천재도 아니고 똑똑하지도 않다. 품의서, 발주서, 사업계획서, 입출고 전표, 영문 계약서, 업체 연락처 등 외근 나가 있다 보면 문서 찾는 전화가 한두 통이 아니다. 언제 어떤 질문이 나올지 모른다. 그렇다고 단 한 번도 문서 제목들을 외워본 적은 없다. 일일이 그 수많은 서류를 어떻게 다 외운단 말인가. 그것은 불가능하다. 단지 파일 저장 시 카테고리별, 항목별로 묶어준다. 3~4단계, 즉 대분류·중분류·소분류·세분류로 구역을 미리 정해 두고 파일이 어느 곳에 속할지 지정하는 작업이 필요하다.

가령 고정적으로 나가는 발주서(Purchase Order)를 오늘 하나 발행했다고 치자. PO가 중요한 게 아니라 PO를 담아두는 '위치'가 훨씬 더 중요하다. 사전에 '루트 디렉토리\업체명\발주서\연도' 이런 식으로 분류해 두면 절대 헷갈리거나 뒤섞일 염려가 없다. 도서관이나 마트에서 수 백 수 만 종류의 책과 물품을 어떻게 한 사람이 다 기억하겠는가. 모든 분류를 미리 잘 짜 놓았기 때문에 원활한 작업이 가능해진다. 절대로 자료가 먼저가 아니다. '분류'가 먼저 이루어져야 한다. 내가 정한 나만의 분류 방식. 이것이 제일 중요한 정보 모으기 핵심 사항이다.

분류를 잘 정해 놓으면 다른 후임자가 와서 일을 맡아 보더라도 쉽다. 인수인계를 하더라도 신속하게 이루어진다. 대내외 각종 감사를 받더라도 금방 자료를 찾아온다. 내사하여 방문 조사를 하든 회계 감사를 하든 즉각 자료를 갖고 올 수 있었던 이유는 단 하나다. 자료를 잘 만들어서가 아니라 자료 구분을 사전에 잘 정해 두었기 때문에 가능했다. 이것은 회사 생활의 기본이자 전부라 해도 과언이 아니다.

글쓰기도 마찬가지다. 글을 쓰려면 '쓸 감', 즉 정보가 있어야 한다. 정보를 모으기 전에 분류부터 잘 정해둬야 한다. 무작정 자료만 모을 게 아니라 모아진 자료를 어느 곳에 갈무리할 건지 정해 놓으면 아무리 자료가 늘어나도 차곡차곡 적재적소에 묶어둘 수 있다. 글쓰기를 요리에 비유하면 쉽게 이해가 된다. 요리를 하기 전에 마트에 가서 요리에 필요한 '재료'를 산다. 재료를 사 왔으면 재료가 위치할 곳에 재분류한다. 양념은 양념통에 육류와 어류는 냉장고에 칸칸이 분류하고 채소류는 잘 씻어 김치냉장고 채소 코너에 넣는다. 그래야 요리할 때 필요에 따라 착착 분류된 재료를 찾아올 수 있다.

그다음으로 자신만의 '주제'를 정하고 주제에 맞는 스크랩 제목을 정한다. 제대로 글을 쓰겠다고 생각하고 처음 대학교에 들어가면서부터 스크랩북을 만들었다. 정치, 경제, 사회, 문화, 책과 글. 이런 식으로 스크랩북에 제목을 붙였다. 스크랩에 붙일 제목은 자신의 주제에 적합하도록 정하기 나름이다. 제목 밑에 일련번호를 매기고 날짜를 기록한다. 일단 분류가 시작되고 나면 시간이 지나면서 또 주제가 바뀌면서 스크랩 제목이 늘어날 수도 있다.

분류가 정해졌으면 '날 것'의 재료 '정보' 모으기를 해야 한다. 평소 스크랩을 일상화하는 편이 좋다. 스크랩이란 글쓰기를 실행하기 위한 준비 단계일 뿐만 아니라 자신만의 관심사를 외부로 표출하는 첫 번째 동작이다. 글을 쓸 주제가 당장 정해지지 않았다 하더라도 일단 스크랩하는 습관부터 들이도록 하자. 신문이나 잡지 혹은 복사물 등을 그저 손 가는 대로 오려 붙이면 된다. 무엇이든 1차 정보가 있어야 나중에 2차, 3차 가공 자료가 만들어질 수 있다. 그렇게 스크랩을 몇 번 하다 보면 자연스레 자신에게 맞게끔 항목이 나눠진다. 그러다 특정 주제가 생각나면 그것에 특화시켜 기사물이나 인쇄물을 모을 수 있게 된다. 파일이나 텍스트 형태는 컴퓨터에 저장해 스크랩한다. 스크랩할 때는 다음 다섯 가지를 신경 써야 한다.

1. 종이 형태의 스크랩물은 반드시 인쇄 혹은 출력 형태를 유지한다.
2. URL(인터넷 주소)만 메모상에 적지 말고 원문 텍스트를 저장한다.
3. USB 형태의 플래시 메모리에 담지 말고 하드디스크에 담는다.
4. 이중 안전(백업)을 위해 필요에 따라 외장 하드디스크를 활용한다.
5. 단기 파일 저장을 위해 웹 메일 '내게 쓴 메일함'을 이용한다.

눈으로 보이는 모든 인쇄물과 전단 매체는 스크랩할 정보의 대상이다. 인쇄물은 그대로 스크랩북에 분류한 제목에 맞춰 일련번호를 매겨 붙여 나가면 된다. 파일은 컴퓨터에 저장하되 반드시 원문으로 저장해야 한다. URL만 저장해 놓으면 시간이 지나 해당 주소가 소멸되는 경우가 빈번하다. 이때 메모리는 꼭 영구 메모리를 써야 한다. 플래시 메모리는 언제든지 번쩍하고 사라질 수 있음을 명심하자. 메모리가 없는 경우, 안전하게 저장할 겸 보관하는 방법으로 웹 메일 박스를 이용하는 방법도 추천한다.

"큰일 났어. 타이핑하다 키보드에 커피를 쏟았어!"
"누가 파워 케이블 찼어? 작업한 파일 다 날아갔어!"

번개에 맞을 확률, 정전이 될 확률, 천장에서 물이 떨어질 확률. 이런 일들이 내게 일어날 확률을 물어보면 "에이, 설마!" 없으리라 자신한다. 그럴 확률이 없는 게 아니라 없길 바라는 희망 사항이다. 한 번도 당해보지 않으면 작업했던 파일이 사라진 충격과 후유증을 절대 모른다. 확률이 아니라 확실히 해야 하는 '룰'이다. 사소하지만 사달 나기 전에 조치해야 한다.

다음은 죽었다 깨어나도 들여야 하는 세 가지 습관이다.

첫째, 스크래핑할 때만이라도 주변에 물, 주스, 커피와 같은 액체류를 일절 두지 않는다. 번뜩이는 아이디어와 메모는 사라질 수 있고 종이는 불필요하게 팅팅 불어날 수 있다. 키보드를 향해 무심코 엎질러진 커피 때문에 코피를 쏟아도 입력 문서는 원상회복되지 않는다. 아니길 바라지만 누구인지도 모르게 머리 위에서 툭 물이 쏟아질 수 있다. 반드시.

둘째, 두세 문장 입력 후 수시로 'Alt-S(저장하기)' 키보드를 반복적으로 누른다. 기가 막힌 한 문장을 입력했는데 동시에 지나가다 갑자기 컴퓨터 코드가 뽑히면 문장이 복구 불능이 될 수 있다. 한 번 날아간 문장은 절대 돌아오지 않는다. '설마 내게 이런 일이'라고 생각하겠지만 언제든 내게도 일어날 수 있다. 만에 하나.

셋째, 유인물 스크랩핑은 어쩔 수 없지만 중요한 컴퓨터 파일은 반드시 2중, 3중 백업을 받아둬야 한다. 나름대로 주기를 정하거나 정기 백업일을 지정하여 소실에 대비하자. 작업 중인 컴퓨터가 갑자기 고장 난다든지 바이러스에 감염되면 어쩔 텐가. 그럴 일이야 없을 거라 믿고 싶지만 내게 언제든 일어날 수 있다. 한 번쯤은.

글쓰기는 주변에 널린 수많은 정보들에 관심을 갖는 긍정의 마음에서 출발한다. 긍정이란 덮어 놓고 옳다 소리만 내지르는 행위가 아니다. 몸은 '예스'라고 해도 마음은 '노'를 외칠 수 있기 때문이다. 글을 쓰고 싶다고 '예스'를 외치지만 마음은 스크랩 하나 해 볼 요량 없이 '노'를 외치며 밀쳐낼 수 있기 때문이다. 마음도 긍정의 사인을 보내고 있음을 확인받아야만 비로소 글쓰기를 할 긍정 모드가 조성된다.

긍정이란 내 주변을 둘러싼 모든 현상들을 끌어안을 만한 '사랑'이 덧보태져야 한다. 몸과 마음이 하나가 되어 옳다고 내는 소리가 긍정이다. 그런 내면의 소리가 밖으로 우러나올 때 비로소 사랑이 만들어진다. 긍정으로 주변 정보들에 관심을 두고 스크랩과 같은 사랑의 동작을 행동으로 보여줄 수 있다면 글쓰기는 이미 봇물 터질 징조가 보인다.

02
예민한 촉 세우기(Interesting): 상황 바꿔 생각하기

상황. 사람이 상황을 만든다기보다 상황이 늘 사람을 그렇게 만든다. 일도 그렇고 글쓰기도 그렇고 마음먹은 대로 상황 몰이해 나가고 싶지만 마음만치 뜻만치 일이 순조롭게 진행되지 않을 때가 허다하다. 주어진 상황을 지혜롭게 헤쳐나갈 수만 있다면 처음부터 상황을 극단으로 몰아오지 않았을 것이다. 뒤늦은 후회는 장차 진행하는 일에 별 도움이 되지 않는다. 지나간 시간은 빨리 잊어버리는 게 상책이고 다가올 시간은 발 빠르게 대비하는 게 상책이다. 이것이야말로 주어진 현재 상황을 반전시킬 수 있는 최고의 비책이다.

대학교 시절 도서관에서 한참 논문을 쓸 무렵이었다. 자료를 재구성해 탈고까지 거의 마무리할 즈음 일이다. 모든 작업이 완성되었는데 마지막 하나가 부족했다. 결론 부분에 근거로 제시할 최신 자료 하나만 찾을 수 있다면 끝인데 그 하나를 찾지 못하고 있었다. 머릿속은 온통 '자료 하나' 생각뿐이었다. 도서관을 샅샅이 뒤지고 찾아도 찾을 수가 없었다. 어떻게 찾는가, 어떻게 찾을까. '심사위원이라면 분명히 이 부분에서 결정적 근거가 있어야 한다고 본다.' 이렇게 생각하니 더욱 애타게 자료를 찾고 싶었다.

빙법도 묘안도 떠오르지 않고 초조한 마음에 노이로제에 걸릴 지경이었다. 이대로라도 무난하겠지만 제대로 하려면 이걸로는 안 된다. 구해지지 않는 자료를 어디서 구해온단 말인가. 진시황이 불로초를 찾는 마음이 이랬을까. 좀 더 설득력 있고 충실한 자료. 완벽하지는 않더라도 완벽에 가깝고자 노력한 흔적을 심사위원들은 바라고 있지 않을까. 바로 이 대목에서.

몸은 뻣뻣하기만 한데 신경은 너무나도 예민하게 쭈뼛 섰다. 잠시 긴장을 풀러 화장실에 갔다. 볼일 보러 후다닥 입구를 지나가는데 휘리릭 눈앞에 뭔가가 지나갔다. 누군가 기사만 훑고 커다란 푸른색 쓰레기통에 신문을 버렸나 보다. 머릿속은 온통 표로 만들어야 할 최신 자료 생각뿐이었으므로 방금 스쳐간 뭔가가 나를 붙들어 맸다.

뒷걸음으로 쓰레기통부터 붙잡았다. 신문을 들춰 보니 누런 가래가 흥건했다. 그 위에 허연 침까지. '어쩐다?' 0.1초도 나는 고민하지 않았다. 오로지 내게 쓰이고 말겠다는 자료 하나가 처참한 몰골로 퍼드러져 있어도 개의치 않았다. 조심스레 자료를 건져 손으로 닦았다. 원하는 기사 부분을 손으로 찢었다. 그나마 다행스러운 일은 분명히 오늘 자 신문일 거라는 확신이었다. 신문 기사의 인쇄된 기름 상태를 보니 그러했다.

신문 기사의 글꼴이 유일한 단서였다. 발걸음이 빨라졌다. 3층 정보열람실에 가서 철해진 오늘 자 전국 신문을 전부 뒤졌다. 흥분된 마음을 가라앉혀가며 연신 손에 침을 발랐다. 경제신문은 아닐 테고 지방 신문도 아니고 아마도 전국 중앙지 신문이 유력했다. 손가락으로는 신문을 넘기고 머릿속으로는 기사에 들어맞도록 적용 범위를 압축시켜 나갔다. 그렇게 다리가 저린 줄도 모르고 한참 뒤적이다 마침내

가래 묻은 신문 기사 원본을 찾았다. 기어이 이렇게 찾게 만드는구나. 신문사와 제호에 날짜까지 드디어 출전을 밝히게 되었다.

그렇게 한 편의 글이 완성되었다. 마지막까지 안간힘을 다해 출전을 밝히려 했다. 이유는 내 글이 차별성을 인정받기 위해서였다. 단행본은 경향성을 주지만 기사는 신속성을 준다. 단행본도 읽어야 하지만 신문 기사와 잡지를 스크랩해야 하는 이유도 여기에 있다. 신문사 데스크 장들이 막무가내로 기자들에게 요구하는 바는 다름 아닌 "최신 기사냐?"라는 질문이다. 글을 쓰려는 사람은 글을 쓴 사람의 생각을 역으로 적용하여 자료를 모을 줄도 알아야 한다. 책만 많이 읽은 사람이 꼭 글을 잘 쓴다는 보장은 없다. 글쓰기는 어찌 보면 무엇보다 자료 싸움이 관건이 될 수 있기 때문이다.

"디렉터 어. 예전 방식에서 세일즈에 변화를 주려고 합니다."
"본사 차원에서 다변화 전략으로 선회한다는 말을 들었습니다만."

재직 당시 제조사에서 아시아·태평양 지역 세일즈 대표들과 함께 투어를 마련했다. 한국에서 처음 세일즈할 때만 해도 제조사는 우리에게 독점영업권(sole distributor)을 주었다. 그러다 비즈니스 사업 부문별로 딜러십을 확대했다. 가뜩이나 벼르고 있던 업체들은 이때다 싶어 경쟁 체제에 뛰어들었다. 이마저도 부족하다고 느꼈는지 한 부문 안에서도 복수 경쟁 체제로 바꿀 계획을 마련하고 있었다. 이쯤 되면 말이 투어이지 변화 공급 체제에 맞춰 사전 의견을 듣기 위해 분위기 무마 겸 마련된 자리라 봐야 더 타당하다. 과거 오랜 관계는 이제 별 의미 없다고 느꼈다. 비즈니스는 비즈니스다. 매출을 올리고 영업력만 높다면 제조사로서는 언제든 치고 나가는 업체를 선호할 수밖에 없는 상황이 된다.

나의 위치는 언제나 여유롭지 못했나. 출상이 관광일 수 없다는 개념은 이골이 날 정도로 뼛속 깊숙이 박혀 있었다. 출발할 때부터 결정력을 가진 부사장 한 사람 움직임만 조심스레 나는 뒤를 밟고 있었다. 한시도 눈을 떼지 않았다. 버스를 나눠 탈 때 다른 번호의 버스로 이동하더라도 눈길을 놓지 않았다. 2부 순서가 시작되기 전 삼삼오오 모여 이야기 나누도록 산책 시간이 주어졌다. 재바르게 부사장 왼쪽 옆으로 다가갔다. 오랜만에 같이 걸어보자 말을 건넸다. 제조사 부사장도 20년이나 우리 회사와 함께한 오랜 역사를 누구보다 잘 알고 있다.

"모두 잘 계시지요? 회장님은 어떠신가요?"
"부사장님. 제 이야기 한 번 들어보시겠습니까? 여기 항아리가 하나 있습니다. 아이 주먹만한 크기의 돌로 항아리를 가득 채웠습니다. 이번에는 자갈을 채우고 흔들었습니다. 주먹 크기의 돌 사이로 자갈이 가득 찼습니다. 여기에 모래를 부어 자갈 사이를 메웠습니다. 더 들어갈 수 없을 정도로 꽉 찼습니다. 다시 한번 물주전자를 들어 물을 부었습니다. 부사장님, 혹시 이 이야기가 무엇을 뜻하는지 아시겠습니까?"
"아무리 할 일이 많아도 마음만 먹으면 다른 일을 끼워 넣을 수도 있다?"
"아닙니다, 부사장님. 제 말뜻은 그게 아닙니다. 우리가 맨 처음 큰 돌을 넣지 않았더라면 영원히 큰 돌을 넣을 수 없었다. 이 말을 하고 싶었습니다."

부사장은 뜨거워진 낯빛으로 나를 바라보았다. 조용히 엷게 웃고 있었다. 나도 미소로 화답했다. 몇 마디 덕담이 더 오갔을 뿐 다른 말은 없었다. 오래 지내다 보니 그 정도 농담이야 주고받을 만한 관계는 형성되어 있다. 비즈니스는 자신에게 올 몫만 생각하지 남을 의식하지는 않는다. 그럼에도 나는 '남'을 생각했다. 바로 부사장의 상황을 생각했다.

부사장은 지금 나를 걱정하지 않는다. 사업 전체를 보려 한다. 자신이 속한 회사를 생각하려 한다. 본인의 상황을 개선시키려 한다. 지금보다 나아질 수만 있다면 하단에서 어떤 경쟁이 일어나든 개의치 않을 요량이다. 부사장의 그런 점을 나는 한껏 이해했다. 파고들었다. 무분별하게 경쟁업체를 나열하다 보면 중구난방 어떤 일이 벌어지는지 머릿속에 각인시키고 싶었다. 그 순간만은 내가 속한 회사를 생각하지 않았다. '당신'의 상황을 충분히 이해하지만 여기까지 어떻게 올 수 있었는지 그것은 생각해 보았는가. 당신의 능력 안에서 한 번 더 기존 회사에 기회를 줄 의향은 없겠는가. 안 된다고만 하지 말고 될 수 있음을 인정해 달라. 그러면 '믿음으로 보답하겠다'라는 신념을 전하고 싶었다.

놀라웠다. 솔직히 반은 믿었고 반은 믿지 못했다. 얼마 후 제조사로부터 딜러십을 연장하겠다는 답변이 왔다. 내가 한 우스갯말이 신통력을 발휘했는지는 모를 일이다. 그 후로도 몇 년 더 군말 없이 딜러십이 연장된 걸 보면 전혀 아니라고는 말하지 못 한다. 그날 부사장의 미소가 빛나는 눈빛과 함께 다가왔으므로.

일로도 글쓰기로도 주어진 상황을 바꿀 수는 없다. 다만 주어진 상황을 조금이라도 내게 더 유리하게 반전시킬 가능성은 언제든지 충분하다. 내 기준에만 맞추면 모든 일들이 비정상적이고 비합리적이다. 내가 아닌 남의 기준으로 바꿔 놓고 보면 상황은 예상 밖으로 쉽게 풀릴 가능성이 엿보인다. '나만의 예민한 촉.' 그 하나만이라도 잘 갖춰

놓는다면 시시때때로 바뀌는 상황에 나를 맞출 수 있다.

정보를 모으는 주체는 '나'다. 내가 원하는 글, 내가 쓰고 싶은 글을 쓰기 위해서는 나만의 잘 벼린 감각적 '촉'을 갖추느냐가 무척 중요하다. 내 글을 읽을 사람은 독자다. 쓰고 싶은 글을 쓰더라도 독자의 입맛에 맞는 글을 써야 한다. 흐름도 갖추고 하지만 시의성도 동시에 갖추어야 한다. 이 둘을 동시에 만족시킬 수 있는 방법은 다름 아닌 정보를 모으는 주체의 정확한 '이해'에서 나온다.

03 / 숙성시키기(Aging): 짧은 순간에도 생각 멈추지 않기

"어 이사님, 납품 좀 당겨 주세요. 납기 못 맞추면 큰일 납니다."
"제조사에서 안 된다는 걸 어떡하나. 기다려 봐. 다시 요청해 볼게."

임박해서 주문 넣고 성급하게 납품하는 병폐가 하루빨리 사라지길 바란다. 물론 영업 일은 한 번도 그렇게 움직이지 않는다. 관행처럼 굳은 입찰 수주 계약 공급 사이클이 언제 한 번 여유 있게 움직일까? 한 건이 끝날 때마다 영업부는 겨우 납품 날짜를 맞췄다고 안도의 한숨을 내쉬고 관리부는 지체상금을 물지 않아 다행이라고 안심한다.

이번에도 스크린 딜리버리(delivery)가 문제였다. 매번 달라지지 않는 납기일을 조금이라도 당겨 달라고 현업 부서에서는 아우성이다. 안 되는 줄 뻔히 알면서도 통사정이다. 애타는 심정을 모르는 바 아니지만 그렇다고 지원부서가 중간에 나서서 일정을 좌지우지할 수는 없다. 처음에는 당연히 이해하지 못했다. 고객이 달라는 대로 그냥 뚝딱 레이저로 커팅해 배에 실어버리면 끝날 일을 왜 그리 사서 고생하나 생각했다.

3중 스크린. 얇은 스크린 세 개를 합쳐 테이핑하면 상황실용 스크린

이 된다. 상황실에 들어가는 스크린 한 장의 무게는 어른 두 명이 들어야 할 정도로 무겁나. 보서리 면은 레이저로 가공하여 매끄럽게 처리되어 있다. 그런 얇은 스크린 세 장을 겹쳐 놓으면 육안으로 보이지 않는 뒤틀림이 생긴다. 서로 밀리고 합쳐지면서 이런 뒤틀림이 조금씩 사라진다. 자연스럽게 온전한 한 장처럼 결합되어야만 납품할 만한 수준이 된다. 스크린 생성 과정이 그렇다. 이러한 상세 설명을 제조사에서 처음부터 설명해 주지 않았다. "안 된다면 안 돼!" 그냥 막무가내였다.

애초에는 3개월 요구하던 납품일을 협상 끝에 2개월로 단축시켰다. 이것만도 시간이 촉박하다 하여 1개월로 요청하는 중이었다. 밀고 당기고 옥신각신 오랫동안 줄다리기하듯 통화하였다. 한 치 양보도 없었다. 그러다가 제조사 총책임자 공장장이 직접 전화를 받아 원하는 기간에 줄 수 없는 상황을 설명해 주었다.

"에이징(aging)을 걸어야 합니다. 그 기간만 최소 6주입니다. 자연 결합이 이루어지지 않은 스크린은 절대 쓰지 못합니다. 저희도 책임이 있습니다. 이해 바랍니다."

자연 결합을 위해서는 자연 방치가 필요하다 했다. 일체 아무 손도 대지 않고 그냥 내버려 두는 시간. 언뜻 생각하면 이해가 되지 않는다. 상식적으로는 납득하기 힘든 상황이다. 이쯤 되면 영업부에서 외치는 말은 한결같다. "빨리빨리!" 그 '빨리'를 위해 오히려 '느리게'를 외치는 사람들이 있다는 데 문제가 있다. 스크린 제작 현장에 있는 사람들이 그렇다. 사실 엄밀히 말하면 '느리게'를 외친다기보다 최소 작업 시간을 요구한다는 말이 더 맞다. 그 시간마저 지켜지지 않는다면 모든 일이 틀어진다고 엄중히 경고한다. 그러니 누구의 말에도 섣불리 편을 들 수가 없다.

부장 시절에는 이런 일도 있었다. 당시 나는 LCD 및 PDP TV 생산을 총괄하고 있었다. 늘 그래 왔듯이 판매와 수출 납기 일정에 맞추려면 항상 생산 일정이 부대끼기 마련이었다. 달리 아쉬운 소리할 때도 없고 애꿎게 생산부장에게 일정을 재촉하는 수밖에 없었다. 누울 자리 보고 뻗으라 하지만 누울 곳도 뻗을 곳도 그 사람뿐이다. 그러면 생산부장이 반드시 하는 말이 있다.

"생산 라인이나 QC(Quality Control, 품질 관리) 다 일정을 조정한다 쳐도 에이징 룸(Aging Room, 검사실) 일정만큼은 안 됩니다. 안 지켜지면 고객들로부터 클레임 들어옵니다."

TV에 들어가는 스크린 패널을 생산하는 곳은 대기업 두 곳밖에 없다. 우리 같은 회사는 스크린 패널을 공급받아 회로를 연결해 각종 모니터와 TV를 생산한다. 생산부장이 처음 그렇게 말했을 때는 도대체 무슨 말인가 했다. 에이징 룸에 들어간다는 말은 '제품 수축 변형 방지를 위해 일정 시간 동안 일정 형태로 두는 일'을 뜻한다. 물론 그냥 두기도 하지만 제품에 따라 자연 방치를 할 수도 있고 무균실에서 특수 시험을 하는 경우도 있다. 납기가 급한 마당에 때로는 촌각을 다툴 때도 있으니 마음이 다급해진 영업부에서는 종종 이 과정을 "건너뛰자!"라고까지 하면서 다그친다.

이것은 아무 경과를 모를 때 일이었다. 나중에 그 깊은 뜻을 알고 난 뒤로부터는 에이징이라는 말이 나오면 일체 간섭하지 않게 되었다. 에이징이란 말 그대로 '나이 듦'이다. 나이 드는 데 부추긴다고 안 될 일이 되신 않는다. 나이 든다 함은 자연 상태 있는 그대로 물리적 시간이 경과되어야만 그 효과가 나타난다.

김치나 감을 자연 숙성시킨 맛과 약품 처리한 맛을 구분하라 하면 웬만하면 누구나 구분할 수 있다. 제대로 맛을 보았다면 별 차이 없다는 말은 함부로 못한다. 물건도 마찬가지다. 제품의 완성도를 높이기 위해 에이징, 즉 '숙성'은 필수다. 이 숙성의 깊은 뜻과 심오한 이치를 알고 나니 세상 모든 일이 이렇게 이루어지는 듯했다. 가만 보니 숙성 과정을 거치지 않은 게 없다.

사람도 사물도 제대로 된 값어치를 만들어 내자면 모두 숙성 과정을 거친다. 그 개념은 오랜 시간 동안 자료를 모아 온 나의 경험과 결부시켜 볼 수 있었다. 자료와 정보를 숙성시키는 데는 3가지 원칙이 있다. 이 원칙들이 제대로 지켜져야만 비로소 정보의 숙성된 맛을 음미한다.

첫째, 모았으면 그냥 내버려 둔다. 내버리듯 그냥 바라본다.

둘째, 멈추지 말고 모으고 또 보탠다. 부지런함이 발효제다.

셋째, 스크랩물이 말을 걸어오기 전까지 자꾸 쑤석이지 않는다.

하루에 한 알 황금알을 낳는 거위는 하루가 숙성 기간이다. 숙성일을 무시하고 알을 꺼내려 한다면 알도 놓치고 거위도 다친다. 제빵에 쓰이는 밀가루 반죽도 숙성을 거쳐야 하며 제맛을 내려는 술도 숙성 과정이 필요하다. 튼튼한 집을 짓기 위해서는 제대로 된 보양과 양생을 거쳐야 한다. 강한 쇠를 만들기 위해 거치는 담금질 역시 숙성이라 할 수 있으며 큰 인물이 만들어지기 위해 거치는 시련 과정도 일종의

숙성인 셈이다. 뒤집어 말한다면 숙성 과정을 거치지 않은 그 어떤 물건이나 사람은 제 값어치 하기 힘들다.

"아무도 관심 없는 스크랩은 보관해서 뭐 하게?"

대학생 때부터 모아둔 나의 스크랩북을 보면 누구나 한마디씩 거든다. 집 안 가득 차지하고 있는 스크랩의 가치를 알아보는 사람이 누가 있을까. 아무도 몰라보지만 이미 그 가치를 경험해 봤으므로 나는 알아본다. 말 그대로 당장은 종이 쪼가리 덕지덕지 붙여놓은 종이 뭉치에 불과하다. 스크랩북을 그저 종이 뭉치로 봤다면 그건 오산이다. 흩어놓으면 헝겊이나 기워 맞추는 조각이지만 이어붙이면 조각보가 된다. 마찬가지로 읽고 버리면 신문 쪼가리나 다름없지만 오리고 모아 묶으면 훌륭한 '글감'이다.

숙성이란 멈추지 않는 깊은 생각을 역설적으로 해석하는 과정이다. 내버려 둔다고 무관심하게 지낸다는 말이 아니다. 자료가 될 만한 정보를 '그저' 모아둠으로써 자료들끼리 더 깊고 극진한 해석을 도출해

낸다. 이 사례와 저 자료가 어디에 더 적합할까. 지금에 맞을까 아니면 나중에 설러서 쓰일까. 원문 그대로 옮길까 약간 모양을 바꿔서 써볼까. 자료들끼리 부딪치고 섞이면서 맛있게 익어간다. 손 대고 까부리면 헝클어지고 뒤꼬인다. 내버려 두는 일이 진정 스크랩에 대한 예의다.

자료들이 익어간다는 얘기는 나의 '생각이 익어간다'는 뜻이다. 어느 한 어귀 한 문구라도 허투루 대할 수 없다. 생각이 제대로 곰삭으면 누구도 흉내 내기 힘든 명문장을 써 나갈 수 있다. 빼어난 문장을 쓴다고 명문장이 이루어지진 않는다. 누적된 시간에서 축출되는 글의 기운. 그것이 명문장을 만든다. 엄연히 그런 시간에도 글을 쓰려는 우리의 생각은 멈추지 않는다. 자료와 정보의 숙성 과정은 나중에 글을 쓰는 데도 적용되고 책을 쓰는 데도 똑같이 적용된다. '쓰자!'라고 들려오는 그때. 그때가 숙성이 끝나는 때임을 알아차리면 된다.

04 가려 뽑기(Selecting) : 작은 호기심이 큰 관심을 부른다

　2002년. 사람들은 지금도 그해 일 년이 온통 월드컵만 있었던 걸로 기억한다. 4강 신화를 이룬 그해 나는 힘든 출장 중이었다. 입사하자마자 카자흐스탄 경찰청 사업부터 시작된 해외업무를 최선을 다해 끝내고 나니 더 많은 해외 일감들이 주어졌다. 무엇 하나 놓칠 수 없는 프로젝트들로 대부분 내 손을 거쳐야 했다. 잠시라도 관심의 끈을 늦출 수 없었다. 일은 바뀌지만 담당자는 나 하나였기 때문이다.

　해외 출장은 번번이 긴장과 스트레스를 동반한다. 그나마 기존에 맡아 하는 일과 비슷하다면 상관없지만 잘 모르는 일이 주어진다면 무척이나 난감해진다. 아니나 다를까. 우려했던 일이 결국 생겨나고 말았다. 기존 업무 외에 타 부서 업무까지 같이 떠안고 출장 가게 되었다. 남들은 월드컵으로 신났지만 나는 출장 전부터 잡쳤다. 축구는 멀찌감치 관심도 없고 스스로 봐도 우거지상을 하고 있었다. 도망가고 싶은 생각이야 월드컵 경기장보다 크지만 마음은 피버노버 축구공보다도 작아졌다.

　우즈베키스탄에 도착하면서 당장 업무 파악부터 갈피를 못 잡았다. 그런 나의 사정과는 무관하게 희한한 일이 생겨났다. 대한민국 선수들이 예상 밖으로 선전하고 있었다. "축하합니다!" 일은 일대로 해야 하는데 만나는 사람마다 자꾸만 축하 인사를 해 왔다. 도저히 그럴 처지가 아니라 속으로 우기지만 연신 경기 모습이 눈에 아른거렸다. 참으로 난감한 상황이었다. 어려운 과제를 안고 왔는데 수시로 마음이 콩밭으로 가려 했다.

힘든 출장 스케줄과 맞물려 어떻게 전체 일정을 마쳤는지 모르겠다. 찰거머리같이 달라붙어 업무를 이행하려 했다. 간신히 모든 일들을 그럭저럭 마무리할 무렵 TV 속 응원단 모습이 눈에 들어왔다. 폐막식 관중석에서 붉은 악마 응원단의 응원 문구가 보였다. 그런대로 출장을 마무리하려 할 때 정신이 번쩍 들게 하는 문구였다. 대형 카드에 적힌 글씨를 잊을 수 없었다. '저 응원 글을 반드시 내가 다시 쓴다!' 그때는 그렇게 다짐만 해두었다.

출장 복귀 후에도 월드컵 분위기는 계속 이어졌다. 경기 전 사내 직원들과 내기를 했고 장난처럼 승부를 걸었던 직원이 상금을 수여받았다. 그 여세를 몰아 사장이 회식 자리를 제안했다. 때마침 기업 공개도 있으리라는 발표가 있었다. 이왕이면 그에 맞춰 안 그래도 침체되었던 회사 분위기를 조금은 만회하고 싶었던가 보다. 좋은 타이밍에 기막힌 노림수였다. 상승 기류만 잘 포착하면 분명히 반등 기운을 만들 수 있을 거라 생각했다.

러시아권 국가 출장을 다녀온 이후 사장은 회식 자리마다 건배 제안을 하기 시작했다. 특히 카자흐스탄 사업을 마무리 지으면서 당연하다는 듯 나를 지목했다. 웅성웅성 시끌시끌. 회식 분위기가 그렇다. 자유분방하면서도 절도 있게. 회식 마지막 차례가 되면 그날 회식 취지를 잘 간파하고 전체를 마무리 지을 필요가 있다고 나에게 건배 제안을 맡긴다. 그날도 예외는 아니었다.

"한 글자로 꿈. 두 글자로 희망. 세 글자로 가능성. 네 글자는요?"
"할 수 있다!"
"정답입니다."

맞출 수 없을 거라 생각했다. 설마 그걸 어떻게 맞출까. 월드컵 응원 덕에 흥분해서 그런가. 직원 한 명이 일시 멈춤도 없이 나의 건배 제안 멘트에 답을 맞췄다. "우와!" 하는 소리가 여기저기서 터져 나왔다. '이제 어쩌나?' 하는 표정으로 모든 이의 눈길이 갑자기 나에게 쏠렸다. 고스란히 잘 이어온 전체 회식 분위기를 자칫하면 무참하게 망칠 판이었다. 이 상황에서 밀리면 나는 주전선수 자격을 잃는다. 결코 밀리면 안 된다. 밀리게 되면 나보다 사장 체면이 말이 아니다. 히딩크 감독은 신이 났는데 사장의 선수기용이 실패하면 그야말로 난장판에 웃음판이 되고 만다. 4강 신화는 거저 이룩되지 않았음을 그 순간 나라도 증명해내고 싶었다. 이에 질세라 나 역시 멈추지 않고 준비된 멘트가 날아갔다. 한 글자 한 글자 차분하게 그리고 똑똑하게 소리 질렀다.

"몽! 당! 연! 필! 꿈 몽, 마땅 당, 그럴 연, 반드시 필. 작지만 할 수 있다. 꿈은 이루어진다!"

반전에 성공했다. 역전에 성공했다. 모두 식탁을 두드리고 환호성이 났다. 월드컵 열기가 아직 식지 않았는데 느닷없이 흥분에 불을 질러 버렸다. 폐막식에서 본 카드섹션 문구를 한 번은 제대로 활용하고 싶었다. 작은 중소기업이라고 못 할 게 무엇이겠는가. 마음먹고 움직이면 멋지게 해낼 수 있다고 제대로 응원해 주고 싶었다. 아득한 출장의 피로도 일시에 날려 버렸다. 안 된다 소심한 걱정들도 떨쳐 버리게 만들었다. 여기까지 왔는데 어딘들 못 가겠는가. 나는 모두에게 통쾌한 카타르시스를 느끼게 만들었다.

"어 부장한테 물어보면 안다던데?"
"상무님, 무슨 말씀이신지 당최…."

초등학교에 다니는 상무 아들이 학교에서 가훈을 적어오라는 숙제를 받았다고 했다. 집에 가훈은 없고 숙제는 해 가야 하는데 물을 곳은 없고 친한 임원에게 물었더니 그 임원이 내 이름을 거명했다 말했다. 자초지종이야 어쨌든 상관없다. 짜증 날 만도 한데 오죽 물을 데가 없었으면 나에게까지 물으려 했을까. 그렇게 생각하니 한편으로 고맙기도 했다. 그날 저녁 뜻하지 않게 저녁도 먹는 둥 마는 둥 팔자에도 없는 가훈 목록을 만들었다. 1시간 내에 메일로 전달해 주었다.

살다 보면 별일이 다 생긴다. 글을 쓰다 보면 희한한 일도 많다. 이 모든 일들은 나의 작은 관심에서 시작되었다. 책을 읽다 좋은 글이 있으면 나는 그 부분에 표시한다. 그런 문장들만 골라내어 미리 마련한 공책에 옮겨 적는다. 이 작업은 스크랩할 때부터 같이 시작되었다. 내가 읽은 책이라서 다 기억할 듯하지만 책을 덮는 순간 머릿속에는 대부분 사라지고 없다. 시간이 지나면서 모두 잊히기까지 한다. 그러지 않게 하려고 '발췌 공책'을 만들었다. 새로운 문장, 예상 밖 글귀를 접할 때마다 적었다. 틈만 나면 공책을 들춰 봤다. 문장들이 모이고 표현들이 늘어갈 때마다 무한한 '문장 부자'임을 느끼게 된다. 내가 본

문장 중에서 가장 공감도가 높은 문장들만 따로 떼서 보관하는 방법이다. 남의 문장을 베끼고 옮겨 쓰다 보면 좋은 문장을 보는 안목이 넓어진다. 처음엔 잘 모르지만 익숙해지면 글쓴이의 사고를 따라가게 되고 정확한 문장 표현법이 눈에 들어온다.

  다른 사람이 쓴 문장 하나를 작은 호기심으로 바라본다. 그러다 옮겨 적어 본다. 절대 어려운 행동이 아니다. 공책에 적든 컴퓨터로 입력하든 나름 문장을 가려 뽑는다. 이처럼 뭔가를 적는 버릇하는 작은 움직임에서 글쓰기는 시작된다. 자신이 좋아서 뽑아 만든 문장들을 장차 어떻게 활용하느냐에 따라 글쓰기 영역은 생각보다 훨씬 넓게 적용될 수 있다. 이제 나만의 글쓰기가 다른 사람들로 하여금 더 큰 관심을 부를 수도 있음을 기억할 필요가 있다.

05 / 헤쳐 모으기(Patterning): 새로운 시작은 '지금'부터

"성호 선배님. 장지에서 낭독할 조사 좀 써 주십시오."
"다른 동문도 많은데 어떻게 제게 연락을 줬답니까?"

대학원 때 같이 공부하던 친한 친구가 불의의 사고로 세상을 달리했다. 졸업하면 학교에서 갈고 닦은 솜씨를 유감없이 발휘하자고 다짐했던 친구였다. "공부만 하고 이론만 갖추면 뭐 하나. 현장에서 실전을 겪으며 터득하는 바가 있어야 진정 공부한 보람을 느끼지 않겠는가." 서로 맞장구쳤다. 평소 의기투합 하나는 끝내줬는데 이번에도 군소리 없이 의견 일치를 보았다.

약속을 지키기 위해 얼마 뒤 나는 취업했다. 그 무렵 친구는 "미안!"하며 생각이 바뀌었노라 말했다. 자신은 아직 공부를 좀 더 해야겠다 말했다. 확고하게 결심을 굳혔다면 굳이 내게 미안할 이유는 없다. 우리의 목표가 서로 잘되도록 격려했으면 했지 못 되도록 바라는 바는 적어도 아니었기 때문이다.

그렇게 친구는 머나먼 영국으로 유학을 떠났다. 나보다 먼저 결혼했고 아이도 있었다. 잘살고 있다며 중간중간 연락도 하며 지냈다. 그랬는데 얼마 지나지 않아 부고를 듣게 되었다. 가족들도 임종을 보지 못했다. 친구 소식에 비통해하던 차에 동문회에서 연락이 왔다. 평소 두 사람이 가깝게 지낸 사이였으니 조사를 써 달라는 부탁이었다. 가족과 유족의 뜻이기도 하다는 말까지 덧붙였다.

'이를 어쩌나.' 아예 나를 지목해 놓고 써 달라 했다. 부탁이 아니라 거의 주문에 가까웠다. 슬퍼할 일은 차라리 쉬운 일이다. 눈물도 주체되지 않는 판에 이런 상황에서 어떻게 조사를 쓰나. 조사를 써야 한다는 생각이 드는 그 짧은 순간 여려 모습들이 스쳤다. 하관을 앞두고 숨죽여 속울음을 흐느낄 동문들과 교수들, 부모님과 친지들. 모두가 억울하고 괴로운 심정일 테다. 그런 입관 상황을 뚫고 글을 읽어 가야 한다면 어떻게 조사를 써야만 할까.

차분하게 생각을 가다듬었다. 미사여구를 동원시킬 일이 아니다. '정직이 최선'이라는 말은 엄숙하고 진지한 때일수록 더욱 효과적이다. 즐거웠던 일, 토닥거리던 일, 같이 머물렀던 장소들. 제일 먼저

그와 나누었던 기억들을 한데 모았다. 사진, 편지와 메모, 주고받은 문자, 선물로 준 책에 남긴 흔적. 그간 모아둔 많은 조각들과 평소 듣고 보고 느낀 그대로의 자취를 그러모았다. 퍼즐 맞추듯 모인 조각들을 조사의 틀에 맞게 잇고 엮고 붙였다.

> 혼자 있지 못하고 늘 함께하려 했던 우리와 친구였습니다. 뒤처지지 말고 앞서가자고 먼저 나서던 우리들 친구였습니다. 힘들어할 때 먼저 연락 주고 안부 전하던 우리의 친구였습니다. 그런 친구가 보이지 않습니다.
>
> 나중에 뜻을 이루고 난 뒤 마시자며 탑 밑에 묻어 둔 산딸기 병은 지금 어디에 있습니까. 우리들 여기에 두고. 우리의 아이들이 태어날 때 서로의 부모가 되어 함께 하자던 믿음은 지금 어디에 있습니까. 우리만 이렇게 남겨두고.
>
> 늘 웃던 모습이 오늘따라 그립습니다. 한 번만 더 웃어주면 좋을 텐데. 동에 번쩍 서에 번쩍 모임이 있는 자리라면 빠지지 않고 와 주던 발걸음이 오늘따라 기다려집니다. 한 번만 더 와 주었으면 좋을 텐데.

그렇게 한 줄 한 줄 쓴 조사를 가족들과 동문들이 모인 자리에서 낭독했다. 읽는 사람도 듣는 사람도 모두 한데 모여 눈물바다를 이루었다. 삼우 지내고 친구 아버지께서 동문을 통해 "조사를 줄 수 있겠는가?" 했을 때 잠시 주저함도 없이 나는 내드렸다. 전해 듣기로 조사 속 아들의 모습이 너무 생생하여 웃을 일에도 눈물이 났고 몰랐던 일에도 공감이 되었다 하셨다. 직접 전화까지 주셨다.

경황이 여유롭지 않은 짧은 시간에 조사를 써 갈 수 있었던 비결은 하나다. 평소 친구와 나눈 '쓸거리'들이 있었기에 가능했다. 어렵지 않게 쓸 수 있었다. 힘들이지 않고 쓸 수 있었다. 추억과 기억만 믿고 조사를 썼더라면 연락받았을 때부터 손사래 쳤을지도 모른다. 가진 게 있었기에 줄 수 있었고 모은 게 있었기에 쓸 수 있었다.

"졸업 연설문 작성하시기 바랍니다."
"이번 졸업생 모두 써야 하죠?"

교학부에서 연락이 왔다. 입학 때 한 번, 졸업 때 한 번. 대학원 개교 때부터 이어진 전통이다. 미래 지도자가 되려면 쓰고 발표하는 일을 최고 덕목으로 알고 배우라 하였다. 2년 반 동안 틈날 때마다 들었던 이야기다. 며칠 후면 그것도 마지막이다. 졸업 연설문을 읽으면 학업을 연마하며 보냈던 많은 날들과도 마지막이 된다. 마지막이라 생각하니 모두 아쉽다는 표정이다. 그럼에도 그런 생각보다 당장 연설문 작성에 열을 올려야만 했다.

'살아갈 날들이 강물과 같다면 마지막이 어디 있는가. 끝이라면 시작과도 연이어 있다. 한정된 시간만 뚝 잘라 놓고 보면 졸업이 끝이겠지만 어떻게 보고 어떻게 받아들이느냐에 달렸다.'

큰 골격은 그렇게 잡아 놓고 뼈대를 채울 살을 찾아야 했다. 졸업식 강당에서 많은 사람들이 듣고 있을 거라 떠올리니 조금은 비장하게 써야만 할 듯했다. 무엇보다 공감 요소가 들어가야 될 듯했다. 그러면서도 친근하게.

오늘 졸업생들이 입학생이던 그날. 학구열의 열정으로 모인 305호 강의실을 기억합니다. 동문들과 재학생들이 모여 웃음꽃을 피우던 홈커밍데이 저녁이 지금도 선명합니다. 점심 먹고 교수님과 같이 걷던 봉선사 산책길을 잊지 못하겠습니다.

젊은 날 교정에 들어와 이제 젊은 꿈 하나 손에 쥐고 갑니다. 가르쳐 주신 모든 배움들을 꿈으로 만들어 사회로 나아갑니다. 졸업생인 우리는 졸업의 끝에 서 있지 않습니다. 인생 도전을 향한 새로운 출발선에 서 있습니다.

교수님과 교직원 여러분. 매일 우리에게 맛난 음식을 해 주신 여사님들과 기사님. 모든 분들의 바람이 모여 제게 하나의 꿈으로 바뀌었습니다. 그 꿈이 지금 제 손에 머무르고 있습니다. 이 꿈을 잊지 않겠습니다. 이 꿈이 더욱 빛나도록 노력하겠습니다. 이루겠습니다. 지켜봐 주십시오. 무지개는 빨주노초파남보가 서로 어울려서 빛나지 않겠습니까.

"발표 잘했는데!"

박수를 받았다. 모두의 환호를 받았다. 느낌으로 박수의 강도를 안다. 졸업 인사를 대신할 수 있는 거라고는 연설문 한 장뿐이다. 연설문만으로 졸업식 날의 나를 대리 표현해야 했다. 찬찬히 준비했지만 오랫동안 챙겨 놨다. 평소 모아둔 온갖 기록들이 졸업식 연설문을 위해 새롭게 재편되었다. 넣고 빼고 보태고 버리고.

수업을 들으면서 간직했던 기록물들을 펴 보았다. 철해 두었던 자료들 중 연설문에 쓰일 만한 내용들을 추렸다. 학생 수첩에 남은 기록, 일기, 노트에 적힌 필기 내용, 각종 전달문과 행사 소식지. 흩어져 있던 기록들이 마치 연설문 쓸 날만 기다린 듯했다. 반가웠다. 이 기록들을 한데 모아 보기 좋게 요소요소에 배치해 주면 연설문은 완성이다. 어렵지 않았다.

주머니에 든 내용물을 꺼내 보이는 건 일도 아니다. 그냥 꺼내서 보여주기만 하면 된다. 없는 걸 갖춰 내라 하면 그건 못 한다. 없으니까. 글쓰기도 어쩌면 이와 같다. 모인 자료를 필요에 맞게 헤쳐 모으는 일. 스크랩한 자료가 없다면 글쓰기란 대책 없이 어렵기만 하다. 1차 자료만 충실하다면 2차 글쓰기 작업은 무난하게 진행된다. 자료만 넉넉하게 모아지면 언제라도 글쓰기를 실행할 수 있다.

본격적인 글쓰기의 시작은 모아둔 스크랩 자료가 넉넉할 때 가능하다. 아무 자료 없이 마구 글을 쓸 수는 없다. 시간을 두고 하나하나 챙긴 자료와 정보들. 1차 자료를 끄집어내어 쓰고자 하는 글의 주제에 맞게 배치하면 글쓰기는 조금도 주저함 없이 곧바로 시작할 수 있다. 글을 쓰는 내 의도에 맞춰 재결합된 자료들에 생명 없는 자료들에 새 생명을 불어넣는 일이 진정한 글쓰기의 시작이다. 글을 쓰겠다는 내 뜻을 좇아 자료들이 새로운 모습으로 재구성될 때 그때가 바로 다름 아닌 글쓰기를 해야 할 때다.

06 잔가지치기(Graduating): 아픈 상처에는 아무 말 없이 안녕!

3년 전 회사에서 권고사직되자마자 백방으로 설쳐대던 때였다. 이 사람 저 사람 찾아다니며 회사를 나오게 된 이유를 설명하고 도움을 요청하였다. 그즈음 친구와 함께 지방에 간 적이 있었다. 소개할 회사가 있다 했다. 만나 미팅을 했고 두어 시간에 걸쳐 볼일을 전부 마쳤다. 그리고 나자 여유 시간이 생겼다. 멀리 지방까지 왔는데 가까이 있는 지인 한 사람을 만났으면 하고 친구가 말했다. 저녁 시간인 데다 딱히 갈 곳이 정해지지 않은 나는 순간 머쓱해졌다. 굳이 그렇게 어색해하지 않아도 된다며 동석할 만한 자리라고 친구가 귀띔했다. 그렇다면 같이 하자고 흔쾌히 대답했다. 사람 만나 이야기 나누기 좋아하는 데다 새로운 얼굴 만난다는데 배려해 주려는 일만 해도 고마웠다. 더군다나 그 어떤 누구라도 만나야 할 판이었다.

"뭐하는 사람인데?" 친구에게 물어보았다. 만날 사람은 3선 도의원이라 했다. 그런가 보다 여기며 기다리는데 만나기로 약속한 시간보다 자꾸만 늦어졌다. 하는 일이 그렇기도 하거니와 행사가 연달아 있어 마무리해야 올 수 있다고 했다. 그다지 할 일도 없기에 어슬렁어슬렁 시간을 보내고 있었다. 만나지는 않았어도 밤늦게까지 자기 하는 일을 마무리하겠다는 걸로 봐서 신념이 강한 사람이라는 추측이 들었다. 그러니 더욱 만나고 싶었다. 궁금했다.

늦은 저녁 셋이서 만났다. 명함을 건넸다. 이제는 별 쓸모없어진 명함이지만 건넸다. 사람 만날 요량으로 미련처럼 몇 장 주머니에 넣어 다니는 명함이었다. 상대 명함도 받았다. 본의 아니게 늦게 되어 미안하다고 운을 뗐다. 새삼스럽다며 시작된 이야기가 끝없이 이어져 자정을 훌쩍 넘어섰다. 서로 만나서 반갑다고 인사하고 기회 닿으면 다시 보자며 헤어졌다. 그걸로 마지막일 줄 알았다. 그랬는데 얼마 전 친구로부터 연락이 왔다.

"국회의원 출마를 앞두고 캠프 운영을 해야 한대. 정치 소신을 담은 문구 하나가 꼭 필요하다고 하네. 네가 좀 도와줘."
"한 번밖에 안 봤는데 내가 뭘 안다고 문구를 써?"

안 들었으면 모르지만 듣고 나서야 나 몰라라 할 수만은 없었다. 어쩔 수 없이 부탁을 받아들였다. 이왕 쓸 거라면 잘 써 보기로 결심했다.

'말씀 전해 들었습니다. 그날의 만남이 바람처럼 지나가는 일은 아니었던가 봅니다. 오랜 기다림 끝에 큰 결심을 내리셨나 봅니다. 그날 제가 보고 듣고 느낀 의원님에 대한 감상을 몇 글자 적습니다.'

이렇게 글이 시작되었다. 몇 글자 적겠다고 쓴 글이 무려 A4 다섯 장 가까이 찼다. 기가 찰 노릇이다. 상대방이 내 글을 읽었다면 무슨 생각을 할까. 아무래도 이건 아니라는 생각이 들었다.

세상에서 제일 듣기 싫은 소리 중 하나가 잔소리다. 이미 아는 이야기, 안 들어도 뻔한 이야기. 그게 잔소리다. 가뜩이나 바쁜 사람이 지청구 축에도 끼지 않을 내 잔소리를 듣고 있어야 할 이유는 없다. 그 순간 글쓰기 원칙 하나를 스스로 무너뜨릴 뻔했다. 일명 '잔가지치기 5원칙'이다. 아무리 잘 쓴 글이라도 이 원칙을 지키지 않으면 차라리 글을 쓰지 않음만 못 하다. 그 원칙이란 다음과 같다.

첫째, 무슨 소리인지 이해되지 않는 글은 버려라.
둘째, 손으로 가려도 이해되면 가린 글은 버려라.
셋째, 쓰지 않았거나 쓰지 말아야 할 글은 버려라.
넷째, 한 번 썼다면 두 번째 반복되는 글은 버려라.
다섯째, 무엇을 강요하거나 바라는 글은 버려라.
하나 더, 도무지 모르겠다면 내가 독자라고 생각하고 읽어 보라.

자신이 쓴 글에서 잔소리를 없애기는 힘들다. 전지가위로 손수 잔가지치듯 분재하여 글을 다듬기는 어렵다. 이런 경우를 대비해 마련한 잔가지치기 원칙은 글을 더욱 '글답게' 만들어준다. 쓸데없는 글을 과감하게 잘라 버릴 수 있어야 매끄러운 문장, 아름다운 문장으로 거듭난다. 제때 바로 버리지 못한 글은 결국 버리기에 딱 좋은 글이 되고 만다.

장문의 문장을 썼지만 아무래도 허술하기만 하여 원칙을 따라 지켜졌는지 하나씩 대입해 보았다. 첫째, 글을 쓴 의도와 목적을 알 수 없었다. 둘째, 이 글이 그 사람에게 도움을 줄까. 쓸데없는 미사여구가 많았다. 셋째, 좋은 뜻으로 썼지만 방향이 없었다. 넷째, 글이 길어지면서 한 말만 자꾸 하게 됐다. 다섯째, 듣기 좋으라고 하는 말 자체가 듣기 싫었다. 한마디로 전부 버려야 할 글을 오래 쓰고 있었다.

　버렸다. 전부 버렸다. '혈연과 지연에 얽매이지 말고 허물없이 하나 되는 정치를 하면 좋겠다'는 취지로 문장 세 줄만 달랑 보냈다. 그리고는 잊었다. 그다음은 모른다. '잘 되었으면 좋겠다.' 하는 마음 정도만 갖고 지내왔다. 그 후 굳이 듣기 바랐던 건 아니지만 "국회의원이 되었다."라고 친구가 전해 주었다. 버리기를 잘했다. 어설프게 줬더라면 큰일 날 뻔했다. 전한 글이 쓰였는지 그마저 버렸는지는 확인할 길이 없다.

　자신이 쓴 글이라 하여 모두 맞다고 끝까지 고집하는 건 글쓰기가 아니다. 마찬가지로 자신이 쓴 글에 스스로 전지가위를 들이대기란 말처럼 쉽지 않다. 그럼에도 불구하고 자신이 쓴 글을 과감하게 고칠 수 있어야 한다. 잔가지치기는 자기 생각을 버리거나 글쓰기에 대한 자신의 의견을 바꿀 줄 아는 기술을 일컫는다. 가질 문장만 가지고 나머지는 버려야 한다. 챙길 문장만 챙기고 나머지는 과감하게 수정할 수 있어야 한다.

　한때 주어와 서술어만 갖고 글쓰기를 할 수 있다고 생각했다. 그건 도저히 불가능하다. 수식어를 달지 않고 어떻게 긴 문장을 표현해낼 수 있겠는가. 문장을 문장답게 표현하려면 수식어를 달지 않고는 표현이 불가능하다. 다만 잔가지치기 원칙에 묻기에 앞서 글쓰기에 대한 변함없는 태도 하나를 지켜내려 했다.

　'최종 완성 전까지 글에 대한 애착을 갖지 않는다'

　자신이 쓴 글에 대한 소신과 신념을 갖기 전에 애착을 앞서 버려야 한다. 자신이 쓴 글에 대한 애착을 미련 없이 버릴 수 있어야 비로소 자신이 쓴 글에 신념을 부여할 수 있다. 잔가지를 치고 애써 쓴 문장을 버리려면 아쉬운 마음이 먼저 든다. 그럴수록 과감하게 버릴 줄 알아야 한다. 제대로 버릴 줄 알아야 제대로 된 글쓰기를 할 수 있다. 때로는 한 문장이 때로는 수십 개 문단이 통으로 날아간다. 그럴 때일수록 아까워하면 안 된다. 크게 버리면 크게 써진다. 아름다운 글이 써진다. 버려진 문장들이 불쏘시개로 쓰여졌다고 여기면 된다. 진짜 자신만의 글쓰기를 위해 아낌없이 거름으로 쓰였다고 여기면 된다.

버린 문장을 절대 나는 뒤돌아보지 않는다. 아쉬워할 시간에 앞으로 쓸 문장을 떠올린다. 버린 문장은 버려진 대로 그 역할을 다했으므로 그것으로 끝이다. 글쓰기가 앞을 보고 진도를 나가지 못하는 이유는 하나다. 써 놓은 글을 자꾸만 뒤돌아보기 때문이다. 완성되기 전까지 글은 아직 완성되지 않았다. 애써 썼지만 내 글이 아니다. 버리고 버리고 더 이상 버릴 문장이 없을 때 남겨진 문장. 이때부터 진짜 '나의 글'이 완성된다.

07 / 통찰하기(Attending): 있는 그대로 온전히 공감하기

"어 차장, 선약 있는가?"
"아뇨, 아직 없습니다만."

선약 없으면 같이 가자고 사업본부장이 호출했다. 영업하는 사람이 약속 없는 날이 어디 있던가. 이런 경우, 있어도 당연히 없다 답해야 맞다. 굳이 불러서 약속이 있느냐고 물었을 때는 묻지 말고 그냥 따라가자는 뜻이다. 약속이 있든 없든 궁금해서 물은 게 아니다. 볼일이 있다는 이야기다. 내 기준이 아닌 본부장 기준으로 바라보는 연습 덕이다. 본부장 의도를 빨리 알아채야 한다. 외부 영업이 중요하지만 이런 경우, 내부 영업의 핵을 볼 공산이 크다.

"어 차장님. 어떻게 하면 제안서를 잘 씁니까?"
"저라고 무슨 특별한 방법이야 있겠습니까!"

처음 보는 두 사람이 왔다. 두런두런 이야기를 나누다 찾아온 본론을 꺼냈다. 기술 제안서를 써야 하는데 어떻게 하면 잘 쓸 수 있겠느냐 물었다. 정확하게 이야기하자면 잘 쓰는 걸 묻는 게 아니었다. 숫제 이번 입찰에서 낙찰까지 이어지도록 '특수 비법'을 알려 달라 강압하는 수준이었다. 그런 건 없다고 몇 번 설명해도 통하지 않았다. 어물쩍 꽁무니 뺄 생각 말라며 그들은 다부지게 밀어붙였다. 들려준다면 따라오겠느냐고 에둘러 말해도 무조건 좋다 했다. 기어이 끝까지 듣고 말겠다는 심산이었다. 피할 수 없었다. 우리보다 더 큰 회사에서 일하는 사람이 하필이면 나를 찾아와서 묻게 되었을까. 물러날 수 없는 상황이었다.

차근차근 알기 쉽게 설명했다. 가닥은 없었지만 얼른 줄기를 잡았다. 누구라도 글을 쓰는 시대에 우리는 산다. 일상생활에서부터 각종 단체에 이르기까지 또 아이에서 어른까지 다양한 형태의 글쓰기가 이루어진다. 회사만 하더라도 주간일지, 회의록, 기안서, 보고서, 품의서 등 수많은 제목으로 다양한 글쓰기가 이루어진다. 그중에서도 제안서는 회사 생활에서 거의 글쓰기의 정점에 있다. 말 그대로 '우리의 기술력을 매력 넘치게 호소해 끌리게끔' 만들어야 하는 게 제안서다. 그렇게 평소 소신을 알려주는 도리밖에 없었다.

A: 회의를 마친 본부장의 표정에서 엄청난 스트레스가 느껴졌다.
B: 회의를 마친 본부장은 곧바로 휴게실로 갔다. 말없이 담배 세 개비를 연이어 피워댔다.

문장 두 개를 적어 보여주었다. 그리고는 물어보았다. "어느 문장이 더 스트레스 강하게 느껴집니까?" 그랬더니 곧바로 B라는 대답이 돌아왔다. 그렇다면 "두 문장의 차이를 아시겠습니까?"라고 다시 물어보았더니 이번에는 대답이 없었다.

"A 문장은 '스트레스'라는 단어를 직접 썼습니다. 이것을 '닫힌 표현'이라 부릅니다. 글 쓴 사람이 직접 판단까지 해버립니다. 듣는 사람은 안중에도 없습니다. 자기 넋두리입니다. 이야기가 이어지지 않고 끊깁니다. '그래서 어쨌다고?' 거기서 끝입니다. 더 이상 읽고 싶지 않습니다. 한마디로 죽은 문장입니다.

B 문장은 '스트레스'란 단어는 없습니다. 오히려 스트레스가 확 느껴집니다. 이것을 '열린 표현'이라 합니다. 글 쓴 사람은 무심하게 보입니다. 오히려 읽는 사람이 스트레스를 느낍니다. '왜 그러지?' 궁금해집니다. 깊은 사연이 있을 듯합니다. 다음 글이 더 읽고 싶어집니다. 이게 생동감 느껴지는 살아 있는 문장입니다."

울겠는가 울리겠는가? 상대를 울리려 한다면 나는 울지 말아야 합니다. 연기파 배우처럼. 상대를 웃기려 한다면 나는 웃지 말아야 합니다. 능청스런 개그맨처럼. 상대가 나를 사랑하게 하려면 나는 사랑한다는 말을 쓰지 않고 사랑을 표현할 수 있어야 합니다. 밀당의 고수처럼.

"말씀은 알겠는데 영 어떤 뜻인지?"
"통찰력이 있고 없고의 차이입니다."

요즘은 회사 업력 오래되었다고 고평가받지 않는다. 제안서 분량 많이 썼다고 통과되지 않는다. 제안서 쓰는 사람이 어떤 깊은 사고와 시각을 체득했느냐가 관건이다. 그것을 '통찰력'이라 부른다. 아무리 뛰어나고 독보적 기술을 확보했다 해도 입찰에 들어올 정도 업체라면 기술력 차이는 크지 않다.

기술 제안서는 문제가 다르다. 어떻게 제안서를 쓰느냐에 따라서 평가는 판이하게 달라진다. 그런 통찰력을 갖추기 위해서는 다름 아닌 두 가지가 필요하다. 바로 창의성과 몰입력이 있느냐 여부다.

첫째는 창의성이다. 시방서에 쓰진 요청을 그대로 수용하겠다고 쓰면 그 업체는 빛의 속도로 탈락이다. 맞장구치는 수준이기 때문이다. 다른 경쟁업체보다 뛰어난 기술력을 확보하고 있다고 쓰면 1차 통과는 할지 몰라도 최종 결정은 장담 못 한다. 자기 자랑이니까. 기어이 최종 확정을 보겠다고 하면 설치 시공 이후 발생할 수 있는 문제점까지 한 번 짚어주고 그 후에 벌어질 일까지 고려해 제안서에 반영시켜 줘야 한다. 고객 만족 수준이 아니라 고객 감동으로까지 이어져야 한다. 동감하는 게 아니라 감동하게끔 써야 한다. 빠졌거나 미처 놓친 부분까지 챙겨줘야 끝을 볼 수 있다.

둘째는 몰입력이다. 검토자가 우리 회사 제안서를 읽기 위해 멀찍이 빠져 있던 의자를 바짝 끌어당겨 앉게 하려면 제안서가 재미있으면 된다. 몇백 페이지 두꺼운 제안서가 거침없이 넘겨지도록 쓰면 된다. 제안서가 지루하다고 생각하는데 그렇지 않다는 점을 보여주면 된다. 제안서 문장이 하나의 큰 연결고리처럼 이어지듯 톱니바퀴처럼 맞물리듯 쓰면 된다. 제안서가 재미있고 몰입력 있게 써지려면 다음 세 가지 방법만 기억하면 된다.

1. 사실을 써라.
2. 구체적으로 써라.
3. 열린 마음으로 써라.

첫째, 사실을 써라. '~라고 생각한다' '~라고 사료된다' '~라고 추측한다'와 같은 주관적이면서 애매한 표현은 쓰지 않는다. 있는 그대로 쓰면 된다. 가령 이런 식이다. '업무 수행 환경에 대한 이해를 바탕으로 유사 사업 구축, 검증된 장비, 무중단 운영, 고객 참여, 유지 보수, 전담팀 구성, 추가 제안 등 각 요소에 대한 핵심 수행 전략을 제시합니다.' 있는 그대로의 사실이 이렇게 중요하다. 감정 처리하지 않고 있는 사실을 그대로 묘사만 해도 훨씬 더 생생한 이미지를 전달할 수 있다. '느낌'은 읽는 사람의 몫으로 철저히 남겨두어야 한다. 그래야 공감한다.

둘째, 구체적으로 써라. 뭉뚱그려 가리키는 단어나 표현을 쓰지 않는다. 가령 TV 기능을 쓰는데 '스위블(회전) 기능 있음'이라고 쓰지 말고 '좌우 180도 회전'이라고 쓴다. 장비가 '고온에 강함'이라고 쓰는 대신 '섭씨 50도의 내구성. 특히 사막 기후에 최적화'라고 써야 한다. 정확한 단어와 구체적 표현을 써야 글의 생동감이 살아난다. 문장이 구체적일수록 전달력과 공감력은 넓어진다.

셋째, 열린 마음으로 써라. 열린 마음, 열린 문장이란 글을 쓰는 이가 판단을 내리지 않고 읽는 사람으로 하여금 마음껏 상상하고 판단하게 하는 글을 말한다. 제안서를 누가 읽고 누가 판단할까? 결코 쓴 사람이 통과 여부를 결정 내리지 않는다. 결국 검토자가 결정한다. 그렇다면 검토자가 궁금하도록 만들어야 한다. 검토자가 우리 제안서를 채택해야만 하는 이유를 분명하게 일깨워주면 그만큼 채택할 가능성이 높아진다.

평소 생각해 오던 글쓰기 요령들을 단숨에 일러 주었다. 제안서라고 해서 별반 다르지 않다. 마찬가지 방식이다. 잔가지 다 쳐 내고 졸

가리만 주었다. 핵심 문장들로만 써서 최대한 읽는 사람으로 하여금 공감을 유도하도록 이끌었다. 한 사물을 오래 뚫어지게 꿰뚫어 보았을 때 그때 내면에서 우러나는 통찰. 그런 통찰의 문장을 고스란히 제안서에 담으라 말했다. 석 달 뒤 그들은 다시 나를 찾아와 "고맙다!"며 기쁜 소식을 전해 주었다.

  농익은 문장은 절대 들뜨지 않는다. 그저 있는 그대로 온전히 읽히도록 쓰면 된다. 없는 말을 별다르게 지어내지 않는다. 그냥 꾸밈없이 드러내 보이면 된다. 찬찬히 따라 읽도록 차분하게 써나가면 된다. 그렇게 쓰인 글들이 읽는 사람의 마음을 움직인다. 무리하지 않고 강요하지 않는다. 다 읽었을 즈음이면 글 쓴 사람의 의중에 이미 가깝게 와 있게 된다. 부담 없이 거부감 없이.

08 / 녹여내기(Sympathizing): 시간이 지난 후 알게 되는 일들

"아무리 찾아도 다른 사람은 없고 그 사람 수첩에 성호 씨 연락처만 있었어요!"
"무슨 말씀이세요? 알아듣게 찬찬히 말씀해 보세요. 무슨 일이 있었던 건지요?"

부고를 받았다. 친구 부인의 목소리가 가녀리게 떨리고 있었다. 며칠 전까지만 해도 "곧 해피피자 2호점 연다."라며 들떠 있었는데 믿기지 않았다. 생각지도 못한 소식에 그야말로 황당했다. 그러니 제수씨는 얼마나 당황했을까. 가게 일이야 친구가 처음부터 도맡아 했으니 제수씨는 애들 데리고 집에서 부지런히 살림만 살던 사람이었다.

가끔씩 동문들이 친구 집에 모여 담소를 나누기도 했다. 무엇이든 있으면 내주려던 마음씨에 열심히 살아가려고 애쓰던 친한 친구였기에 무척 마음이 아팠다. 1남 1녀를 둔 그에게 무슨 급한 일이 있었기에 삶을 달리하였는지 도무지 알 수 없었다. 하룻밤 사이 정황 없이 먼 길 떠나야만 할 일이 무엇이기에 그리도 성급히 서둘렀단 말인가.

"큰애가 아직 6학년인데 걱정됩니다."
"크게 걱정 마세요. 다 괜찮을 겁니다."

가게 일이라고는 전혀 몰랐을 제수씨가 어떻게 꾸려나갔는지 모른다. 물어볼 수가 없다. 안다 해도 별 도움도 못 줄 터였다. 상을 치르고 전화를 했을 때 무엇보다 아이들 걱정이 컸다. 4학년 동생은 어리다 쳐도 6학년 큰애는 철이 들 나이인데 심리적 안정이 제일 염려되었나 보다. 아이들은 아이들대로 가게는 가게대로 걱정이 컸다. 당장이라도 주문이 들어오고 배달 가야 하는데 아는 거라고는 깜깜하니 모든 게 아득하고 갑갑했을 것이다.

잊지 않았다. 잊을 수 없다. 자주는 아니어도 가끔 연락했다. 제수씨도 마찬가지다. 신랑을 잊지 못했나 보다. 생전에 가졌던 친구 휴대 전화 번호로 연락하면 "잘 지내시죠?" 인사받아 주었다. 6학년이던 아이는 그렇게 중학교 3학년이 되었다. 추석이 다 되어 갈 무렵 겸사겸사 안부를 물었다.

"내년이면 고등학생이네요. 큰애 신발 하나 사 주세요. 편지도 보냈습니다."
"성호 씨. 매번 받기만 하고 어째요. 중학교 갈 때도 기억해 주셨는데."

광철아.

나 성호 삼촌이다. 아빠 대학원 친구. 오래전에 봤는데 기억하겠니?

요새 이유 없이 짜증 나고 그러지 않냐? 괜히 투정 부리고 싶고 화도 내고 싶고 어떨 땐 심술도 나고. 그거 다 사춘기라서 그래. 그만큼 네가 남자로서 씩씩하고 훌륭하게 잘 크고 있다는 증거이니 이상하게 생각할 건 없어. 너무 엄마에게 많이 표시는 내지 말라고 얘기하고 싶어서 괜스레 삼촌이 말해 보는 거야. (중략)

아버지 안 계신다, 돌아가셨다 생각 말고 '사랑하는 우리 엄마가 내 곁에 있다'라고 생각해. "어머니 힘드시죠?" 하면서 팔다리도 주물러 드리렴. "사랑해요, 엄마!" 하면서 안아도 드려. 너와 동생이 아기였을 때 아빠와 엄마가 너희들을 안고 얼마나 좋아하셨는지 삼촌은 다 봐서 알아. 이 삼촌이 증인이야. 엄마 혼자서 얼마나 힘드시겠어. 다른 사람은 몰라도 너희들은 꼭 엄마를 기억해줘야 해.

절대 혼자라고 생각하지 마. 약해지지도 마. 누구 아들인데. "힘들수록 나는 더 강해진다!" 이렇게 고함쳐. 그놈의 운명과 한판 뜨는 거야. 운명이 이기나 네가 이기나. 가슴 쫙 펴고 어깨 힘 딱 주고 항상 용기 잃지 마라. 저 하늘나라에서 아버지가 너를 지켜보고 계시잖냐. 아버지와 엄마는 항상 네 편이야.

혹시라도 삼촌 도움이 필요하면 전화해. 삼촌도 네 편이야. 멋있는 고등학생이 될 네가 보고 싶구나. 힘내는 거다. 파이팅!

2012년 9월 5일. 수요일

그저 마음을 전하고 싶었다. 내 진심을 편지에 담아내고 싶었다. 아이를 울릴 생각은 없었다. 아이가 잘되기를 바랐다. 내 본심을 드러내지 않고 상대가 나와 공감되게 만드는 일. 나는 슬프지 않더라도 상대를 울컥하게 만드는 일. 상대가 흔들려야 원하는 쪽으로 움직이기 때문이다. 괜히 아이를 흔들고 싶은 생각은 조금도 없었다. 아이가 내 편지를 읽으면서 내 말에 흔들릴 수 있어야 했다. 그래야 더 큰일에 움직거리지 않고 확고하게 자리 잡기 때문이다. 진정 그러기를 바랐다.

속내를 녹여내기 위해 글쓰기를 해야 할 때가 생긴다. 의도를 숨겼지만 목적이 분명할 경우, 표시 내어 드러내지 않았지만 꼭 상대의 마음을 흔들어 내 편으로 끌어안아야 할 때가 있다. 쉽지는 않다. 이럴 경우, 나만 쓰는 방법 하나가 있다. 글쓰기는 '바른 마음가짐에서 출발한다'는 믿음이다. 마음이 바로 서면 훌륭한 글이 써진다. 그런 포용의 글쓰기를 위해 가져야 하는 바른 마음 세 가지다. 늘 이 세 마음을 간직하고 글을 쓴다면 훌륭한 글쓰기의 완성을 보게 되리라.

첫째, 있는 그대로 사랑하는 마음으로 글을 써라. 영화 「아바타」를 보면 여자 주인공이 남자 주인공을 처음 만났을 때 이렇게 말한다. "I see you(당신을 봅니다)." 영화 후반부 남자 주인공이 사랑 고백을 하는 장면에서도 이렇게 말한다. "I see you."

사랑이란 결국 그냥 '있는 그대로' 바라보는 일이다. 굳이 사랑한다 말하지 않아도 그저 바라만 보아도 사랑의 감정 그 이상을 표현하는 게 된다. 어머니가 "밥은 먹었니?"라고만 해도 사랑 너머의 사랑을 표현하는 방법과 마찬가지다.

둘째, 침묵의 마음으로 글을 써라. 초등학교 다니는 큰애가 어느 날 말했다. "아빠, silent의 글자 배열을 바꾸면 listen이 돼요." 그러면서 한마디 덧붙였다. "조용하면 다른 소리가 들려요." 맞는 말이다. 입을 다물고 침묵으로 바라보면 마음의 소리를 듣게 된다. 그 침묵의 소리가 나의 내면에서 울리는 마음의 소리이기 때문이다.

다른 사람의 소리를 들으려면 내 목소리를 낮추면 된다. 상대가 내뱉고 싶은 말, 상대가 내지르고 싶은 소리. 그 울림을 가지려면 내 소리를 낮추면 된다. 상대방은 내게 무슨 말을 하고 싶었던 건지 무슨 소리를 내어 내게 말을 걸려 했던 건지 듣게 된다.

셋째, 지켜보는 마음으로 글을 써라. 잘 알지도 못하면서 함부로 넘겨짚는 글로는 상대방은 미동도 않는다. "잘 알지도 못하면서."라는 말은 "지켜본 적이 없어서 속속들이 모른다."라는 말과 같다. 오랜 시간을 같이 보내지 않았어도 요모조모 굵직굵직한 걸 알고 있다면 글을 읽는 사람의 마음은 쉽사리 닫히지 않는다.

헛다리질하다 허방 깊게 되는 꼴 나면 안 된다. 겉만 아는 체 글을 쓰면 속마음은 영영 돌아오지 않는다. 시간을 같이 나누었다는 동질성, 아픔을 함께 공유하였다는 진실성, 서로 오랫동안 지켜봐 왔다는 믿음이 상대방 마음을 안심시킬 수 있다.

"큰애가 얼마 전에 입대했어요. 다행스럽게도 애들이 참하게 착하게 잘 컸습니다. 가게 매상만 조금 더 오른다면 좋겠네요."

혼자 힘든 시간을 보냈을 사람에게 '벌써'라는 말은 함부로 건네면 안 된다. 긴 시간을 지나 여기에 이르렀을 텐데 여기까지 오느라 혼자서는 또 얼마나 속 앓았을까. "피자 맛 언제 보여주냐?"며 얘기했던 친구는 이제 없다. 시간이 지나면 서로 알게 되겠지. 그땐 또 그랬겠구나. 그렇다면 제대하고 나올 조카를 만나러 가는 편이 나으려나. "너도 아빠만큼 어른이네!" 그 말 한마디 하러. 말없이 편지글에 녹여내려 했던 내 마음만큼 그 아이도 오랜 세월 말없이 버텨왔을 테니까.

글쓰기는 시간을 녹여내는 작업이다. 기다리고 지켜보고 알아봐 주고 함께 하기에. 절박하다는 말은 시간이 촉박하다는 뜻이 아니다. 기다릴 줄 아는 여유를 확보하지 못했다는 외침이다. 짤막한 생각에서 머무르지 않고 훌쩍 시간을 가로지르는 문장들은 그래서 울림이 크다. 지켜온 오랜 시간들이 같이 묻어 있으므로. 이 또한 시간이 지난 후에라야 알게 되리라.

5장
글쓰기가 답이다

01 / 글쓰기가 답이다

"큰아야, 내 글이 구청에 전시됐다!"
"어무이께서? 진짜 보고 싶습니다."

어머니는 휴대전화기가 다 젖을 정도로 펑펑 우셨다. 평생 쌓인 울분을 토해내듯 그렇게 우시는 모습은 처음이었다. 마치 그간 쌓인 눈물을 오늘은 기어이 다 쏟아내겠다 다짐이라도 둔 듯했다. 아버지 돌아가셨을 때도 저만치 우셨을까. 아버지는 환갑을 며칠 앞두고 돌아가셨다. 그때 어머니는 아직 50대였다. 섧고도 괴로운 울음을 하염없이 어머니는 숨죽여 우셨다. 그러던 어느 날 "그만 울란다. 인자 울 힘도 없다." 하신 뒤로 지금까지 좀체 눈물을 보이지 않으셨다.

회사에서 사직당하고 내가 집에 머무를 때만 하더라도 어머니는 의연하셨다. "산 사람 입에 거미줄 안 친다. 다 살아진다." 오히려 내게 힘을 주신 분이었다. 7남 2녀 가난한 집안 맏며느리로 시집와 갖은 고생 다 하셨다. 앞 못 보는 시어른 평생 수발들었고 고조부모까지 기제사 한 번 빠뜨림 없이 다 모셨다.

내가 초등학교 5학년이던 해 겨울부터 가세가 기울었다. 가족을 건

사하기 위해 행상에서부터 노점까지 할 수 있는 장사는 가리지 않고 다 하셨다. 그로부터 30년. 내가 결혼하고 나서도 장사를 하셨다. 장사를 그만두면서부터는 손자 둘을 다 업어 키우셨다. 일흔 넘은 연세에 이제 와 남은 건 마음같이 움직여주지 않는 몸뿐이다.

어머니는 10살이 되기 전에 전쟁을 만났다. 동생이던 외삼촌을 등에 업고 피난 갔다 했다. 폭격이 너무 무서워 지금도 어머니는 큰소리 나는 걸 제일 싫어하신다. 부뚜막에 앉아 대식구들 밥상 차리고 남은 누룽지로 곧잘 물 말아 드시던 장면이 어린 시절 내 기억에 지금도 서럽게 남아 있다. 진저리쳐지는 전쟁도 겪었고 등가죽이 들러붙을 만한 가난도 맛보았고 혼자라는 외로움도 처절하게 견딘 어머니. 그 모두를 다 합친다 해도 더한 쓰라림 하나 더 있다 하시더니 살아오는 내내 두고두고 어머니를 괴롭히던 그 하나.

"우리 아버지지만 많이 미워. 와 여자라고 안 가르쳤겠나?"

그 말뜻을 나는 안다. 못 배운 서러움이라기보다 글자 하나 읽을 수 없다는 원망이다. 원망이 때로는 외할아버지에게로 때로는 어머니 자신에게로 향했다. 전쟁 상황에서 학교에 간다는 건 언감생심 생각도 할 수 없다 했다. 그저 부끄러운 줄로만 알았다 했다. "내가 글만 배웠어도 이 집에 시집 안 왔다." 그렇게 말할 때 어머니 가슴에는 도무지 어떻게 생긴 한스러움이 맺혔을까. 보고도 헤아리지 못하고 생각으로도 상상되지 않는 고통 덩어리였을 것이다.

"어머니. 배우시면 되잖습니까. 하면 된다면서요?"

"말 함부로 하지 마라. 너희들이 내 마음을 아나?"

평생을 살다 언제 떠날지도 모르는데 "해서 뭘 하겠나?" 끝내 거부했다. 다른 용기는 다 내면서 글 배울 용기만큼은 내지 못하셨다. 어릴 때 겪은 트라우마가 생각보다 크고 깊었다. 자신을 드러내지 못하는 괴로움. 남이 보기에는 별 게 아니겠으나 어머니에게는 너무도 깊은 종양 하나를 꽤나 오래 달고 사셨다. 그렇게 권하고 달래도 통하지 않았다.

그러던 어느 날. 무슨 돌개바람이 불었는지 요지부동이던 마음을 돌려 앉혔다.

"며느리하고 손자들한테 글 하나 쓸란다."

참말인가 싶었다. 뜻 없이 말을 않는 분이니 분명히 지나가는 말은 아니리라. 쉽지 않은 결심이지만 끝까지 갈 수 있을까 걱정되었다. 처음에는 무척이나 힘들어했다. 이유도 없이 대상도 없이 쑥스럽고 미안하고 부끄러웠단다. 온갖 잡생각들이 몇 차례 왔다 갔다 그러기를 2년여가 지났다.

마음에 보물

아들들 다 차카다. 지난날 생각카마 잘 커 조서 고맙다. 잘 몬 먹이 키아가 마이 미안타. 그런데 인자 대따.

며느리들 다 반갑다. 다 살아가기 힘들다 카는데 실흔 내색 한 번도 업스이 모든 기 다 이쁘다. 일 년에 두 번 온다 캐도 전화 자주 조서 그마이 하마 대따.

"할머니, 제가 언능 커서 맛있는 거 사 드릴개요. 오래오래 사세요!"

손주 전화 목소리 들으마 나이는 모른다. 나이 생각카마 한숨 나오는 할매. 은제 이러케 늘겄나. 다시 절머질 수 읍지만 더 늘찌 말아야지.

손주는 기엽다. 나이 묵는 것도 늘거지는 것도 뜨때로 몬 하지만 마음은 오래오래 절머야지. 내 아이들 사랑 두고두고 볼라 칸다.

몇 글자 안 되는 짧은 글을 쓰려 몇 번을 지우셨을까. 마음속에 있는 말을 마음에 들도록 바꾸려 몇 번을 새로 썼을까. 그러는 사이 몇 번이나 오래 묵은 마음속 감정들을 뿌리 뽑고 싶으셨을까. 그 마음을 얼마나 악착같이 없애고 싶었으면 짧디 짧은 글에 또 간추려 쓰셨을까.

내 딸

딸자식 업시
아들 셋 키아가
멀리서 또록또록
살아조서 다행이다

큰며느리 작은며느리
일 년에 두 번 오는데
자주 몬 가 제송해요
말끝에 한마디

사랑해요 어머니
평생 처음 들어 본
가장 듣고 시펐던 말
며느리는 내 딸이다

어떻게 이런 속내를 간직하고 어쩌면 그리 오랜 침묵의 시간을 버티셨을까. "다 게워냈다. 버릴 것도 남길 것도 인자 더는 없다." 불필요하게 어머니를 붙들었던 묵은 체증. 오래 곰삭은 묵직한 가시 하나를 뽑아냈다. 기어이 발라냈다. 안에서만 갇히려던 훼방꾼 하나를 끄집어냈다. 마침내 내던졌다. 별 게 아니면서 이유 없이 목줄 쥐고 흔들었던 고민을 멀리 내쫓았다.

"쓰니까 되더라."

어머니는 이제는 말하신다. 몰라서 썼는데 쓰니까 알게 되었다고. 이럴 줄 알았다면 왜 진작 벗어던질 생각을 못 했을까. 여름날 모시옷 입은 기분이 이럴까. 이렇게 홀가분한 걸 무엇 하러 여태 거추장스레 걸치고 있었을까. 말씀은 그렇게 하신다. 며느리 손자들에게 남기고 싶은 글이 있어서 배울 결심하셨다고. 고문처럼 못되게 평생에 걸쳐 어머니를 괴롭히던 고통, 문드러진 속마음을 이제는 다 떨쳐내셨다. 직접 손으로 써 내려간 글씨 하나, 문장 하나.

"칠십 넘어 나도 쓰는데. 너도 꼭 써라."

휴대전화기에 대고 그렇게 우셨지만 마지막 말을 들으면서 이번에는 내가 울컥했다. 혼자 있는 나를 걱정하여 그렇게 큰 결심을 하셨구나. 글을 써서 자식의 마음을 달래려 하셨구나. 사직하면서 내린 나의 결심과 자식 걱정하며 내린 어머니의 결심. 희한하게 글쓰기에서 만났다. 부모 자식 간에 본 건 오래되었지만 알게 된 건 그리 오래되지 않았다. 글을 써서 알게 모르게 어머니와 나는 서로 글쓰기 치유의 길을 마주 걷고 있었다.

02 / 행복하려면 당장 글쓰기부터 하라

살다 아주 가끔 이런 일이 생긴다. 미안해하지 않아도 되는데 미안한 사람. 용서받을 만큼 나쁜 짓을 하지도 않았는데 착잡한 마음 먼저 드는 사람. 시간이 지날수록 뚜렷한 이유 없이 싱숭생숭해지는 사람. 어디에라도 있어서 만날 수 있다면 좋겠지만 하필 이제는 만날 수도 없는 경우라면 더더욱 난감해진다. 보기만 한다면야 "그런 생각이 든다." 말하고 속마음을 내비칠 수 있겠지만 그러지 못하니 곤란할 수밖에.

대학원 3학기 학생회장을 맡을 때 부회장을 하던 동기가 있었다. 미국에서 대학을 마쳤다 해서 처음에는 좀 떨떠름했다. '유학생이 그렇지 뭐.' 하는 말도 안 되는 생각을 혼자 품었다. 한 학기 두 학기 지나면서 어찌 되었건 서로 듣고 보고 말하게 되었다. '겉보기와는 달리 멋있네.'라는 마음으로 바뀔 무렵 말을 붙였다. "같이 학생회 하자!" 조심스럽게 말을 건넸지만 오래 뜸들이지 않고 이내 답을 주었다. "오케이!"

시원시원했다. 꽁하지 않았다. 유학생 시절 다양한 친구들과 유별난 룸메이트를 만나서 그런지 다른 사람 이야기도 잘 들어주는 편이었다. 겪기 쉽지 않은 경험을 해서 그런지 별 고민이 없을 듯했다. 우울할 때는 노래를 들었고 슬퍼지려 할 때는 다른 일을 찾아 몰두했다. 괴로워질 틈을 아예 만들지 않았다. 그런 그녀가 유일하게 힘들어한 게 있었다. 우리 사이가 좀 더 편해졌을 무렵 그녀는 먼저 고민을 털어놓은 친구였다.

"주변에서 조금 탐탁해하지 않네. 성호 오빠, 나 어떡하지?"

교제하는 사람이 있다 했다. 두 사람끼리는 결혼을 생각하고 있었다. 문제 될 게 없어 보였다. 다만 주위에서 그녀가 남자에 비해 부족하다고 했던 모양이다. 주변 반응이 그녀를 주눅들게 만들었다. "행복이 얄미워 더러 시기가 먼저 오기도 한다."라며 그녀를 위로했다. 주변을 의식하지 말라 말했다.

그랬더니 노트 한 권을 보여 주었다. 남자 친구와 주고받는 노트였다. 고민이 있거나 하고 싶은 말이 있을 때 적어서 건네주면 상대가 답글을 써서 돌려준다고 했다. 한마디로 '사랑의 릴레이 노트'였다. 사귀는 동안 노트에 글을 써서 사랑을 쌓았다 했다. 말보다 글로 써서 전하는 마음이 서로 이해하는 데 훨씬 도움이 컸다. 쉽사리 마음이 요동치지 않으니 만날수록 둘 사이는 깊어졌다 말했다. 나중에 해 보라며 내게 적극 권하기도 했다.

경조사를 빠뜨리지 않는 내가 왜 그녀의 결혼식에 못 갔는지 모르겠다. 나는 취업 준비 중이었고 그녀는 남자 친구와 같이 고향인 지방에서 결혼식을 올려서 그랬나 보다. "결혼식날 제일 예뻤는데."라며 신혼여행 갔다 온 후 말할 때도 나는 어설프게 웃음으로 받아넘겼다. 그게 두고두고 미안하다.

그 후 그녀는 아이를 낳았고 교육 사무관으로 직장 생활도 잘 꾸려나갔다. 얼마 지나지 않아 안 좋은 소식이 들렸다. 백혈병이라고 했다. 다행히 얼마 지나지 않아 골수 이식에 성공했다는 이야기를 들었다. 그렇게 계속 연락을 주고받은 얼마 후. 그녀 남편으로부터 뜻밖의 비보를 받고 말았다. 무슨 일인지 그녀의 마지막 길에 다시 가지 못할 일이 생겼다. 회사가 인수 합병되느라 눈코 뜰 새 없이 바쁜 때였다. 가지 못하는 마음이 너무나도 안타까웠다. 시간이 지나도 그 일이 두고두고 미안하다.

"그동안 안녕하셨습니까?"
"성호 씨. 한 번 만날까요?"

그녀의 남편은 나와도 가족같이 지낸 사이였다. 허물없이 마음껏 이야기 꺼낼 수 있는 그런 사람이었다. 아무 말 없이 보기만 해도 웃음 먼저 번지는 사람. 좋은 사람은 언제 봐도 좋고 오랜만에 봐도 즐겁다. 우리는 한참 밀린 얘기를 나눴다. 이야기하면서도 하고 싶은 이야기가 넘치는 사람이었다. 못 나눌 이야기가 있을까 봐 못다 한 이야기는 글로 대신했다.

가을 학기에 처음 만났습니다. 동기라지만 서먹서먹했습니다. 서로 뭐 저런 사람이 있나 했을 겁니다. 그것도 잠시, 오래 지나지 않아 가까운 사이가 되었습니다. 고민도 같이 하고 서로 살아가는 이런 저런 사정도 알아가며.

나중에 좋은 사람 생기면 꼭 하라며 제게 건넨 말이 있습니다. 행복해지려면 제일 먼저 글을 써 보라고. 생각을 쓰고 마음을 쓰고 기분을 쓰고. 쓰다 보면 서로 알게 된다 알려주었습니다. 내용까지야 못 봤으니 알 수 없지만 그녀가 쓴 노트를 보여준 적도 있었습니다. 그 말을 기억하고 나중에 따라 했습니다. 저 역시 그 말이 옳았음을 스스로 증명했습니다. 덕분에 저도 평생을 같이 할 사람을 만났습니다.

결혼식에 못 간 게 마음에 걸립니다. 가을이 될 무렵 떠난 사람. 마지막 장례식장에 못 간 게 마음에 아립니다.

"나 또한 온전히 글을 써서 한 사람을 사랑하게 되었다."

그 말을 들려주고 싶었는데 그러지 못한 게 끝내 마음 한구석에 오래 남았습니다.

두 사람의 아이가 커서 중학생이 되었다. 기타를 좋아해 아이가 연주하는 모습을 동영상에 담아 남편이 보여주었다. 지금 아내는 없지만 아이가 있어 지난 시간을 견딜 수 있었다 했다. 때로 힘들었지만 행복한 시간이 더 많았다며 웃었다.

"제 엄마 닮아서 할 건 다 합니다."

 최근 교내 동아리 연주 모습을 보여주면서는 기어이 울음을 터뜨리고 말았다. "많이 보고 싶습니다." 그는 시간을 지나왔지만 추억을 간직하고 있었다. 아픔을 간직했지만 아이와 함께 행복을 함께 가꾸고 있었다. 그들에게는 엄마가 남긴 글이 있어 언제라도 함께 지내 왔을 게 분명했다.

 언제부터인지는 모르지만 행복해지려면 묻지도 따지지도 않고 나는 글쓰기부터 한다. 눈물이 먼저 찾아와 갈 길을 막아설 때도 글부터 먼저 썼다. 그러자 머지않아 웃음이 찾아왔다. 시련이 먼저 찾아와 앞길을 막아설 때도 글부터 먼저 썼다. 그러자 머지않아 행복이 찾아왔다. 아픔을 보내면 미움조차 넘어선다. 고통을 보내면 시련조차 넘어선다. 눈물 뒤에 감춰진 웃음, 시련 뒤에 가려진 행복을 맞는다.
 그 계기의 시작을 언제나 나는 글쓰기에서 찾는다. 눈물과 시련을 넘어 행복을 끌어당길 수 있는 그 첫길에 글쓰기를 만날 수 있다. 어디가 아픈지 어디가 가려운지 헷갈려 헤맬 때도 글쓰기는 늘 바른길을 안내했다. 어김없이 아프고 가려운 지점을 매번 정확하게 찾아간다. 마치 도착점을 혼자만 미리 알고 떠나는 안내자처럼.

그 하나의 사실만 믿고 글쓰기를 따랐다. 가자는 대로 이끄는 대로 함께했다. 와 보니 이만큼 왔고 와 보니 어느새 도착해 있었다. 그간 있었던 일들은 고스란히 글쓰기에 남겨진 채로.

03 / 쓰는 대로 이루어지는 비전 글쓰기

 사람들 지갑마다 공통으로 들어있는 게 하나 있다. 애인이나 가족 혹은 연예인 사진이다. 좋아하는 사람을 늘 가까이에서 보고 싶은 마음이다. 별스럽다 여겼는지 나는 지금까지 그렇게 해 본 적이 한 번도 없다. 좋아할 만한 사람도 없었고 TV 속에서만 나오는 사람을 지갑 안에 가두려 해 본 적도 없다. 만날 일도 만날 수도 없는데 희망 사항으로만 멋쩍게 지갑을 채우고 싶지는 않았다.
 대신 부적처럼 타투처럼 '마법'을 갖고 다닌다. 도깨비방망이처럼 손오공 여의봉처럼. 원하고 이루고 싶은 꿈을 적은 작은 종이 한 장. 손바닥보다 조그마한 종이 글의 위력이 그렇게 셀 줄 처음에는 몰랐다. 그렇게 강력한 힘을 처음부터 알아보지는 못했다. 영화 속 영웅들이 자신이 가진 위력을 단박에 알아보지 못하듯 우연처럼 자신의 초능력을 알고 꾸준히 단련시켜 나가듯 놀이 삼아 재미 삼아 신기해서 썼는데 몇 번 반복되다 보니 결코 헛장난이 아님을 알아챘다. 허튼 실험도 꾸준히 계속되면 증명으로 발전하고 가설도 입증이 되면 정설로 굳어지는 법이다.
 살아 온 날들 중에 결과를 이루게 된 꿈들은 하나같이 처음부터 무조건 써 놓고 시작했다는 공통점이 있었다. 진행도 하지 않았고 진척도 없는 상태에서 하고 싶거나 할 일들을 미리 써 본다. 쓰고 시작하면 어쨌든 이루게 된다. 중간에 흔들릴 일이 있어도 중심을 바로잡게 되고 설령 계획이 수정된다 하더라도 큰 틀에서는 곧바로 가게 된다.

꿈은 생각에서 나오고 생각은 상상에서 비롯된다. 생각만 했다가 허공에 흩어져 놓친 적이 몇 번 있다. 생각을 가둬두어야만 했다. 이래서 글을 쓰게 되었다. 한 번이라도 써 놓게 되면 글이 사라져도 글에 담긴 생각은 사라지지 않는다. 생각이 사라지지 않으니 결국 꿈으로 발전한다. 꿈으로 다가가니 처음 품은 상상은 어느새 현실로 바뀌게 되었다. 대학교 입학 때도 캠퍼스 생활을 상상하며 글로 썼고 입사 때도 회사 생활을 상상하며 글로 썼다. 결과는 모두 뜻대로 이루어졌고 그 뜻은 처음 써 두었던 글과 거의 닮아 있었다.

"올해 가기 전에 책을 손에 쥐어 줄게!"
"책이 장난이에요? 그렇게 쉽게 된대요?"

변치 않을 결심을 가족들에게 선포했다. 예상은 했지만 왜 하필 '지금' 그것도 이 '상황'에서 해야 하느냐는 싸늘한 반응이 돌아왔다. 멋모르는 아이들은 무조건 찬성이지만 아내의 만류가 생각보다 완강했다. 취업을 먼저 하고 시간이 될 때 쓰면 되지 않겠냐 만류했다. 하지 말라 반대하지 않는다 했다. 아내 마음을 잘 안다. 왜 모르겠는가. 돌아가는 판을 읽지 않고 나 또한 무모하게 돌부터 던지지는 않는다. 그러기에 이미 글쓰기에 내 마음을 썼다. 썼으니 다져졌다. 지금 와 결심이 바뀌면 안 된다.

결심과 동시에 뜻밖에 새 직장이 구해졌다. 묘하게도 살길 두 가지가 동시에 트였다. 하나는 일시적 살길, 다른 하나는 영구적 살길. 내가 생각한 일시적 살길이란 취업이요 내가 생각한 영구적 살길이란 작가 데뷔였다. 백이면 백 사람들은 일시적인 길을 영구적으로, 영구적인 길을 일시적인 길로 바꾸라 말했을 것이다. 나쁘지 않다. 언뜻 보면 훨씬 설득력 있는 말이다. 나도 그랬으면 편했겠다. 한 번도 '그래 볼까?' 결심을 바꿀 요량은 하지 않았다.

이래도 좋고 저래도 좋은 일을 이루는 걸 꿈이라 부르지 않는다. 그것은 타협이다. 타협은 결코 꿈이 될 수 없다. 모든 상황이 갖춰졌을 때 계획을 세우려 하지만 그런 계획은 세울 수 없다. 그런 상황은 절대 만들어지지 않기 때문이다. 얼토당토않은 꿈은 환상이다. 더러 망상이라고도 부른다. 지금 힘들지만 조금만 더 집중하고 노력한다면 이루어낼 듯한 바람을 소원이라 부른다. 아무 일도 이루지 못한 지금 이 상황이니까 더욱 그 소원을 애타게 부르려는 거다. '내 것'이 되도록.

"나는 약속을 지켰다!"
"아니, 어떻게 이런 일이?"

내 이름이 들어간 첫 책 「보물지도 7」을 아내에게 보여 주었다. 글쓰기에 둔 다짐이 허투루 한 빈말이 아니었음을 눈으로 믿게 해 주었다. 불과 3개월 만이다. 재취업을 하고 빠듯한 시간이 현실을 억죄려 했지만 한 번 굳힌 내 뜻을 주저앉히지는 못했다. 당당하게 보여주었다. 놀란 건 아내뿐만 아니다. 내심 나도 놀랐다. 단지 글을 써서 내 하고픈 뜻을 밝혔을 뿐인데 마술램프 문지르듯 뚝딱 현실이 되다니. 흥부가 박을 타도 이렇게 재바르게 톱질하지는 못했을 텐데 말이다.

그냥 썼다. 쓰니까 되었다. 스치는 생각이 내 안에 머무르도록 글쓰기에 갈무리했다. 그 지금이 '오늘'이 되었고 그 상황이 주어진 '현실'을 바꾸었다.

한 번 굳힌 결심이 작가 데뷔로 끝날 내가 아니다. 이왕 내친김에 더 큰 뜻을 품었다. 쓰면 이루어지는데 안 쓸 이유가 없다. 지금 보면 조금 아득하게 느껴지기는 한다. 꿈은 꾸라고 있고 뜻은 품으라고 있다. 꿈이 할 일은 저만치 머무르고 내가 할 일은 여기 머무르면 된다. 꿈은 나를 알아보면 되고 나는 꿈을 알아보면 된다. 꿈은 꿈대로 나는 나대로 각자 할 일에만 충실하면 된다.

1. 〈어성호글쓰기연구소〉를 설립해 고유의 시스템을 구축한다.
2. 글쓰기 책 쓰기를 통해 영혼이 지친 사람들을 치유한다.
3. 일 년에 한 권 책을 쓰며 생명력 있는 글로 대중과 소통하는 작가가 된다.
4. 독서 강국, 꿈꾸는 대한민국, 전 국민 1인 1책 쓰기를 실현한다.
5. 의식 확장과 지속적 자기 계발을 하며 행복한 가정을 이룬다.

나는 글쓰기에 비전을 담았다. 이 비전이 나를 이끌어가는 힘을 주리라. 아무도 상상하지 않는 일을 나는 상상했다. 누구는 꿈도 꾸지 않는 일을 나는 꿈꾸었다. 누군가 '될까?' 의심 가질 때 나는 '된다!' 믿었다. 글을 쓰면 이루어진다는 사실. 한 번도 해 본 적 없는 사람은 '설마'하며 의심하겠지만 내게는 평범한 '진리'다. 지금껏 예외 없이 그래왔고 여태껏 모두 입증되었다. 이번에도 했다. 더더욱 하려 했다. 취업은 영원히 나를 책임지지 않는다. 언제라도 버려질 수 있음을 경험했으니. 비전은 영원히 나와 함께 하리라 믿는다. 글쓰기에서 충분히 그렇게 되었음을 체험했으니. 비전의 일부는 현재진행형이며 어떤 비전은 글로 쓴지 얼마 지나지 않아 이미 완성되었다.

우리가 일생을 살고 난 뒤에 남는 건 우리가 모은 게 아니라 우리가 뿌린 것이다. 나만의 비전을 세우는 일은 나이나 다른 어떤 상황과 상관없이 미래의 꿈과 소명을 이 세상에 뿌리는 작업이다. 비전 글쓰기가 바로 그 작업의 증거다. 누구나 사람마다 고유한 가치가 있다. 자신의 가치를 알아보는 사람이야말로 스스로 주인 자격을 갖추었다고 할 수 있다. 비전 글쓰기는 무엇보다 소중한 나의 진정한 가치를 발견하는 일이다.

04 / 아픈 인생일수록 글쓰기로 치유하라

"어 부장님. 1년 만에 첫 회식입니다."
"성 차장, 지금 무슨 소리하는 거야?"

회사 인수 무렵 성 차장은 신사업부 일을 맡고 있었다. 만날 일이 없으니 잘 알지도 못했다. 그러다 사업 총괄을 맡으면서 그를 만나게 되었다. "띠동갑이십니다."라며 살갑게 말을 붙여 오는데 너무도 서글서글했다. 제 사람을 만났을 때 그 사람됨을 알아본다 했던가. 우리 둘은 만나자마자 묘하게도 뭔가 통하는 감정을 느꼈다. 나이는 어렸지만 고수의 느낌이 들었다. 경지를 넘어선 베테랑의 재치와 입담이 놀라웠다.

그를 만났을 때 오래전에 본 TV 광고 하나가 떠올랐다. 99명이 예스 할 때 '노' 할 수 있는 사람. 처음 그 광고를 보았을 때 "말도 안 된다. 조직에 저런 사람이 있나?" 말했던 나였다. 실제로 그런 사람은 있을 수가 없다. 조직에서 살아남기도 힘들지만 버티는 자체가 불가능하다. 그런데 있었다. 만나고 보니 성 차장이 그랬다. 그도 처음 신사업부를 맡고 기획안을 올렸을 때 "불가능하니 접어라."라는 소리를 위에서부터 아래까지 돌아가며 들었다고 했다. 그때 그는 "제가 아직 시도하지 않았다."라며 소신 있게 밀어붙였다.

그의 몸 고생 마음고생은 그때부터 시작되었다. 신사업부란 말 그대로 회사의 새로운 성장 동력을 찾는 부서다. 예전에 없던 신규 엔진을 발굴해야 한다. 차세대 먹거리를 찾아 그전에 없던 돌파구를 뚫어 내야만 한다. 처음부터 "말도 안 된다."며 아무도 그를 상대해주지 않았다. 애정도 관심도 눈길도 주지 않았다. 심지어 밥도 같이 먹지 않았다. 단지 같이 만났으니 단합 차원에서 회식하자고 했는데 회사 사람과 같이 밖에서 밥 먹는 게 일 년 만이라 하니 기가 찰 노릇이었다.

"애들과 공원에 놀러 갔는데 혼자 딴 길을 걷고 있더라고요."

오직 일만 생각했나 보다. 훤한 대낮에 몸은 공원에 있지만 머릿속 생각은 회사 업무로 가득 차 있었나 보다. 본인도 자신을 제법 강하다 여겼는데 지나고 보니 스트레스였음을 인정할 수밖에 없다고 했다. 그만치 그는 몸을 사리지 않는 친구였다. 몸에 난 크고 작은 상처들을 보면 안쓰러웠다. 심지어 척추 디스크까지 있었다. "하루에 2센티미터. 아침에 난쟁이, 저녁에 키다리 됩니다." 처음 들을 땐 무슨 말인가 했다. 그는 웃었지만 나는 울고 싶었다.

전문대를 나와 4년제 대학에 편입했다는 이야기는 들어봤어도 4년제 대학에 입학하고 전문대에 편입했다는 이야기는 듣다 듣다 처음 들어봤다. "돈을 벌고 싶었다."라는 그 한마디에 내 마음마저 동했다. 세상에서 제일 싫은 게 그는 호두과자라 했다. 돈을 벌기 위해 질리도록 호두과자를 만들어 팔았다 했다. 젊은 나이에 고생을 많이 해 본

이력이었다. 바닥까지 가 봤으니 저렇게 물불 가리지 않고 일하는가. 그저 만났을 때는 '느낌'이었지만 이야기를 들었을 때는 '교감'이었다. 뭐라도 해 주고 싶었다.

"아팠던 지난 시간들을 글쓰기에 담아 봐."
"저는 책도 안 읽고 글을 써 본 적도 없는데요?"
"성 차장이 생각하는 글쓰기라는 게 도대체 뭔데?"

글을 쓰라니까 부담부터 가졌다. 어리든 젊었든 예나 지금이나 변하지 않는 게 글쓰기인데 내 말을 잘못 알아들었나 보다. 누구나 쓸 수 있고 특별한 형식이 따로 있는 게 아니라고 나는 일러주었다. 일기를 쓰든 편지를 쓰든 메일을 쓰든 글은 다 글이다. 기안서를 올리든 기획서를 올리든 글은 다 글이다. 정해진 형식이 없으니 무조건 써 보라 일러 주었다. 무엇이라도 써 보면 봐 주겠다 말했다. 그러면서 내가 먼저 시범을 보였다.

> 사랑하는 사람을 만났을 때 우리는 인연이라는 단어를 씁니다. '인'이란 내게서 일어나는 것이고 '연'이란 밖에서 다가오는 것입니다. 우리말에 연이 닿았다는 말은 있어도 인이 닿았다란 말은 없습니다. 서울에서 이곳 카자흐스탄까지 시간과 공간을 달리해 우리는 모였습니다. 주관사의 연과 이곳에 앉은 모든 사람들의 인이 닿았으니 이 인연 끊이지 않고 앞으로 다른 프로젝트에서도 더욱 발전되어 나갔으면 좋겠습니다. 감사합니다.

카자흐스탄 경찰청 2차 상황실 공사 후 있었던 건배사 제안 글을 보여 주었다. 없는 말을 지어내라는 게 아니라 있었던 사실을 그대로 쓰면 된다 일러 주었다. 특수한 비법이 있지도 않고 어려운 노하우가 따로 있지도 않다. 잘 쓰려 하지 말고 있는 말만 잘 쓰면 된다. 그러기에 더욱 알려주고 싶었다. 성 차장은 다양한 재주와 비상한 능력을 가졌다. 거기에 수완도 능수능란했다. 너무 마음에 들었다. 그중에서도 내 마음을 사로잡은 한마디가 있었다.

"성 차장님. 밖에 비 와요?"

무더운 여름날 카트에 짐을 싣고 업체를 방문하였을 때 이야기다. 땀을 뻘뻘 흘리며 현장 사무실에 들렀을 때 담당자가 비가 오는 줄 착각할 정도로 그는 매사에 열정적이었다. 무거운 짐을 들고 전국을 운전한 탓에 척추 디스크까지 올 정도였다. 대신 전국에 흩어져 있는 업체의 정보란 정보는 모두 그의 머리에 입력되었다. 그렇게 자신의 몸

을 혹사하며 불과 3~4개월 만에 신사업 제안서를 만들 수 있었다. 내가 도와줄 수 있는 일은 그 자료들을 잘 가다듬고 활용할 수 있도록 거드는 일뿐이었다. 힘을 내도록 응원해 주면 된다.

그로부터 6개월 후 그와 내가 신사업팀에서 만나 의기투합한 이후 그가 올렸던 사업안이 회사의 차세대 성장 모델로 최종 채택되었다. 그의 용기와 식지 않은 열정 덕분이었다. 늦게 합류한 나는 한 일이 별로 없다. 지칠 줄 모르는 그의 뚝심이 해 낸 일이다. 잘하라는 지지만 나는 그저 계속했다.

"아무도 믿어주지 않았는데 팀장님은 저를 믿어 주셨습니다."

그렇게 말해 준 성 차장이 자신의 노력을 내게 돌리려 했다. 말이라도 고마웠다. 그렇지만 받을 수는 없었다. 공은 공이고 사는 사다. 공적인 몫은 온전히 성 차장의 노력 덕분이고 사적인 몫은 단지 그의 마음만 받으면 다행이다.

"어 팀장님이 일러 주신 글쓰기 덕분입니다."

주변에 그런 방식으로 일러준 사람이 없다고 성 차장은 말했다. 결과만 보려고 했지 과정은 아무도 거들떠보지 않았다. 결과를 놓고도 이러쿵저러쿵 말이 많았다 했다. 과정이 헛되지 않으니 결과가 있으리라 믿어줘서 고맙다 했다. 그러면서 성 차장은 내가 일러준 대로 조용히 글 쓰는 시간을 가졌다 했다. 회사 제안 자료 만드는 틈틈이 생각나는 대로 써 보았다 했다. 그가 내게 전한 결정적 한마디. "지난날의 아픔은 다 잊었습니다. 말끔하게 나았습니다." 그 말을 어쩌면 내가 그토록 간절하게 듣고 싶었는지도 모른다. 그의 고통을 어루만져 주고 싶었기 때문이다. 그는 나를 만난 이후로도 몇 번 회사를 그만두고 싶다 했고 진행하는 업무를 접어버리고 싶다고도 했다. 시간이 지나 이제 성 차장은 그때 모든 기억을 행복한 추억으로 만들어 놓았다. 내 생각에도 이제 그만하면 됐다.

  가끔씩 서로 안부를 묻는다. 그때나 지금이나 그는 나를 따라주었고 나는 그를 아껴주었다. 그가 가진 아픔의 시간들을 버려두는 게 안타까웠다. 그는 나를 의지했고 나는 그를 믿어주었다. 그가 당했을 수모의 순간들을 방치하는 게 못마땅했다. 나는 겪어봤으므로 그는 겪지 말았으면 했다. 내가 찾은 방법을 그에게 알려주고 싶었다. 특별히 한 일은 없다. 단지 "나처럼 글쓰기를 해 보라."라는 말밖에. 그는 끝까지 함께 해 주었고 시도해 보았다. 자신의 아픔을 바로 보고 그 아픔까지 사랑할 수 있게 되었다. 그런 성 차장에게 다음에 만날 즈음에는 이 말을 꼭 전해 주어야겠다.

  "내가 봐도 너는 멋있는 사람이야. 거 봐. 너라면 해낼 줄 알았지!"

05 / 글쓰기 습관이 인생을 바꾼다

　입사 초기 과장 시절 느닷없이 회사를 그만두려는 직원이 있었다. 연 대리. 그는 대리였지만 일당백이었다. 업계에서도 실력을 인정받았고 무던하고 신실한 친구였다. 무슨 연유인지 잘 모르는 나로서는 그의 바짓가랑이라도 붙잡고 배워야 할 처지였다. 불쑥 그가 사직하겠다 했다. 아찔했다. 한 직급 높은 내가 할 일이란 무조건 그를 붙잡는 거라 여겼다. 며칠을 두고 설득하였다. 심지어 그가 그만하시라고 했음에도 퇴근 후까지 그를 설득하려 애썼다.

　그러던 어느 날 이런 생각이 들었다. '내가 그 친구를 붙잡은 게 내가 필요해서는 아닌가?' 솔직한 독백이 일어났다. 만난 지 얼마나 되었다고, 알면 그를 얼마나 안다고 내가 그 친구 인생에 간섭하려 했던가. 그가 걸어가야 할 길이 있고 나는 그를 막아설 권리가 없다. 그런데 왜. 생각이 거기에까지 이르자 새로운 결심을 하게 되었다. 절대 다른 사람 인생에 간섭하지 않겠다고. 오래 만날 사이라 그랬던가. 나 때문인지 본부장의 노력 덕분인지는 몰라도 결국 연 대리는 잔류했다. 그런 그와 지금도 연락을 주고받는다.

　시간이 지나도 예전에 지녔던 결심은 바뀌지 않는다. 사람 만나기를 좋아하지만 본인의 선택에 왈가왈부하지 않기로 둔 다짐만큼은 잘 지켜 왔다. 사람 만날 때 특히 직원들에게는 '그 놈의 정'이라는 어설픈 표현을 전면에 내세우지 않는다. 책임지지도 않을 거면서 잘 나가는 앞길에 훼방꾼이 되면 안 된다. 내 인생도 감당하지 못하면서 남의 인생에 섣불리 나서면 수습할 재간이 없다. 잡아도 갈 사람은 간다. 한 번 퇴사를 마음먹은 사람은 옆에서 아무리 말려도 결국 떠나게 된다. 그것이 바뀐 내 소신이다. 10년이 지나도 철석같은 자기 다짐은 만족하리만치 지켜졌다. 적어도 임 대리를 만나기 전까지는.

임 대리는 참 희한한 친구였다. 대리 3년 차. 같이 입사했던 동기들이 모두 떠나도 씩씩하게 현장을 지켜냈다. 팀 내 막내면서도 묵묵하게 제 맡은 일을 다 했다. 선임자들이 굵직굵직한 일을 훑고 지나가면 조용히 따라와 어느새 뒷정리까지 마무리하는 친구였다. 팀장인 내가 놓치고 지나가는 일이 있으면 전혀 불편하지 않게 다가와 조언까지 건넸다. 그런 면이 너무도 듬직했다. 내가 "임 팀장!"이라고 부르면 놀리지 말라고 피식 웃는다. 뭐 하나 버릴 게 없이 진국인 친구였다.

언제부터인지 무엇이 원인인지 몰라도 그랬던 그의 얼굴에 웃음기가 사라졌다. 과묵하니까 그러려니 했는데 아무래도 낌새가 수상했다. 오랜 나의 회사 생활 경험이 그의 불편한 점을 포착해내고 있었다. 그렇다고 함부로 대할 수도 없다. 잘못 하나 없이 제 맡은 일을 너무나도 잘해 내고 있었기 때문이다.

내게도 '감'이라는 게 있다. 그가 가진 못마땅한 점이 무엇인지는 궁금하지 않다. 다만 그가 하고자 하는 일이 있다면 도와주고 싶었다. 팀장인 내가 할 수 있는 게 그것 아닐까. 매일같이 반복되는 일상에서도 규칙적으로 움직이지 않는 걸 찾아내고 가려내는 일. 그것이 팀장이 할 역할이라고 본다. 임 대리에게 무엇이 걸림돌로 작용하고 있을까.

"퇴근하고 일 없으면 나랑 같이 갈래?"
"예. 어 부장님이 가자면 어디라도 가죠."

유명 교수의 강연이 있는 날이었다. 원래는 혼자 가려던 계획이었다. 퇴근 후 시간에는 언제든지 나만의 '2부 순서'가 기다리고 있다. 1부는 회사에서, 2부는 내가 생각하는 곳에서. 미래를 준비할 겸 좋은 강연 좋은 콘서트가 있으면 나는 무조건 찾아갔다. 나야 오래 전부터 익숙해져 있지만 임 대리에게는 어떨까 싶었다. 그러건 말건 올 테면 와라 식으로 건넸더니 선뜻 따라 나섰다.

강연이 끝나고 강사가 쓴 책 두 권을 사서 임 대리에게도 한 권 주었다. 사인을 받고 인증샷도 찍었다. 내게는 너무도 흔하고 당연한 일이다. 그게 강연자에 대한 예의라고 임 대리에게도 알려주었다. 그런 임 대리 표정은 회사 업무 때와는 달리 영 떨떠름했다. '불편한가?' 속으로 생각했다. 그러면서 이런저런 얘기 나눌 시간이 있어 넌지시 물어보았다. 최근에 무슨 문제가 있는지. 그러자 임 대리는 내키지 않은 속을 마지못해 드러냈다. 차근차근 물어보니 문제가 아주 없는 건 아니었다.

임 대리의 고민은 이랬다. 같이 입사한 동기들이 모두 떠났어도 자신만은 현장을 지키려 노력했다. 진급이나 연봉에 연연하지 않고 나중을 위해 혼자서라도 열심히 일을 배우려 애썼다. 문제는 거기서부터였다. 고등학교, 대학교는 때가 되면 졸업하면서 회사는 왜 졸업을 하지 않느냐는 거였다. 임 대리가 보기에 윗분들 생활이 지금 자신의 모습과 별로 다를 바 없다는 거였다. 그런 생각이 밀물처럼 밀려들었다 말했다. 그에게 이렇게 대답했다.

"그럼 매일 정해진 시간에 가진 생각들을 글로 정리해 봐."

나는 후배라고 어설픈 조언을 하지 않는다. 특히 회사 직원들에게는 더 그렇다. 살아갈 날이 창창한 친구들을 감당 못 할 충고로 발목 잡지 않는다. 오래된 나의 결심을 흩트리지 않을 작정이었다. 다만 '이런 길도 있다'라고 소개는 해 주고 싶었다. 자신의 문제를 해결하기 위해 어떤 방법을 동원해 봤는지는 모르겠지만 내 방법이 좋다면 써 보라 알려주고 싶었다.

그리고는 잊었다. 어떤 결정을 하든 그건 임 대리 몫이어야 한다. 업무 실수는 내가 막아줄 수 있지만 인생행로 결정만큼은 내가 어찌하지 못한다. 막아설 수도 없고 막아서도 안 된다. 본인 스스로 결정 내려야 한다. 그 후 유심히 임 대리를 봤지만 평소대로 별일 없었다는 듯 본연의 임무를 수행하고 있었다. 그러기에 굳이 나서서 휘젓고 싶지 않았다.

"어 부장님. 제 인생 어떻게 살지 결심했습니다."
"심사숙고한 거야? 흔들리지 않을 자신 있어?"
"교수가 되겠습니다."

의외였다. 임 대리가 내린 결정도 의외였지만 이어서 하는 말이 더 의외였다. 일전에 퇴근하고 나와 같이 강연을 들으러 갔을 때 그는 충격을 받았다고 했다. 회사에서 많은 교육을 받아 봤지만 크게 와 닿지 않았을 뿐더러 누구의 강연을 듣고 책을 사고 사인을 받는다는 건 한 번도 해 본 적이 없다고 했다. 그날 저녁 그 한 번의 사건이 그의 생각을 바꾼 계기였다. 회사 생활을 하면서도 늘 삶이 막막했고 어릴 때부터 교수가 되고 싶은 꿈이 있었는데 하마터면 자신의 꿈을 영원토록 잊어버릴 뻔했다고 말했다. 내가 그를 흔들어 깨웠다고 말했다.

  내가 그를 바꾸었을까. 그가 자신을 바꾸었을까. 나는 누구를 바꿀 생각이 전혀 없다. 그가 자신을 바꿀 생각을 하지 않는다면. 그로부터 1년 후. 임 대리는 태평양 건너 낯선 나라에 가서 자신의 꿈에 도전했다. 한참 시간이 지난 어느 날 문자가 왔다.

  "제 인생에 신입생으로 입학했습니다."

  자신의 선택이 옳았다 했다. 자신의 결정에 후회하지 않는다 했다. 즐겁지만 힘들 때도 있다 했다. 임 대리는 자신의 인생 갈림길에서 내가 일러준 방법을 따라 지금도 매일 습관처럼 글을 쓴다 했다.

06
글쓰기는 자신과 소통하는 수단

"신부님은 언제 신부가 되십니까?"
"어성호 자네는 언제라고 생각하나?"
"서품 받고 나면 그때부터 아닙니까?"
"아니라네. 그때는 아니라네."

군에서 만난 고향 후배가 있다. 제대 후 그는 신부가 되려 했다. 신부는 어떻게 되는지, 무슨 수업을 하는지 궁금해 따라 갔다. 거기서 신부님 한 분을 만나게 되었다. 나의 질문이 당돌했는지도 모르겠다. 진지하게 물어서인지 신부님은 피하지 않고 대답을 주었다. "평생 하느님의 일을 하다 그분 품으로 돌아가는 날 그날 신부가 되겠지!"라며 알 듯 모를 듯 대답했다.

백수로 속절없는 세월만 보내다 보니 집에 있는 이때 하지 않으면 안 될 일을 해야만 할 듯했다. 노력을 다하는 날이면 언젠가 다시 또 바빠지겠지. 그때 백수로 보냈던 날들을 아쉬워하면 안 되겠기에 살아오는 동안 못다 한 일을 해야만 했다. 친구를 불러 성당에 데려가 달라 부탁했다. 예전에 일러준 신부님의 속뜻이 무엇인지 음미할 겸.

평생 미사 한 번 안 가 보고 바쁘다며 이 세상 하직하면 안 된다. 그런 마음으로 성당에 갔다.

이번에는 목사님의 설교를 들으려고 교회 다니는 친구를 불렀다. 지금 아니면 언제 교회에 가겠으며 언제 목사님 설교를 들을 수 있을까. 마음이 일었을 때 행동으로 옮겨야 한다. 이것이 내 삶의 방식이다. 성당 가고 교회 간다 해서 뭘 구해야 되고 뭘 얻어야만 하는 건 아니다. 되는 일이 없고 아무 일도 보람을 못 느끼고 있으니 지푸라기라도 잡는 심정으로 찾은 건 아니다. 구경 삼아 놀이 삼아 들러봤다. 만나지 않았고 가 보지 못했던 곳을 가 봄으로써 전환하고 싶었다. 그러면 내 안에 작은 변화라도 생기지 않을까. 그 정도 욕심은 낼 만하지 않을까. 백수에서 얼른 제자리를 찾아야지 건달이 되면 곤란할 테니.

"스님은 그 많은 스트레스를 어떻게 푸십니까?"
"보살님 모두 떠나면 창문 열어 달을 봅니다."

처사라 불리고 보살이라 부르는 많은 대중들이 "스님?" 하고 부를 때는 전부 본인들 이야기뿐이다. 궁금하고 답답하고 속 쓰린 답답함만 스님 입을 통해 풀려 한다. 풀고 나면 그걸로 끝이다. 그런 스님들 또한 많은 걱정 속에 쌓일 텐데 어떻게 녹여내는지 자못 궁금했다. 그랬더니 스님은 밤하늘에 빛나는 달을 보며 속을 달랜다 답했다.

소망하면 되는 게 있는가 하면 바란다고 모두 이루어질 수 없는 게 또한 있다. 사람인 내가 바위가 될 수 없고 반평생을 살고 난 뒤에 밑도 끝도 없이 화가가 되려 하면 그건 안 되는 일이다. 나는 내가 가야 할 길이 있다. 그 길이 무엇이며 어느 방향으로 난 길을 따라가야 할까. 어떻게 생긴 길을 쫓아가야 맞는 길에 들어설 수 있을까.

> 하늘은 죽음에 가까이 있는 사람을 먼저 알아본다. 죽을 만치 힘들다 하지만 죽기 전에 죽을 만큼 사력을 다해 이루어 놓은 일이 무엇 하나 있는가. 지금까지 살아오는 동안 '나'라고 생각한 그 '하나'를 죽이고 다시 나를 일으킬 수 있겠는가. 그만한 결심과 각오 없이 무엇을 하였노라 큰소리칠 텐가. 밥 먹고 잠자는 일로 사람 구실 다하였다 자부하지 마라.
>
> 누구나 자신에게 주어진 할 '일'이 있다. 본분이라고 부른다. 오로지 그 사람이라야 해낼 수 있는 '일'이 있다. 소명이라고 부른다. 내게 주어진 본분이 무엇이며 장차 담당해야 할 소명이 무엇인지 자신에게 물어보았는가. 그 답 하나 찾지 못하고 어느 문드러진 나무 둥치 아래에 입만 벌리고 섰느냐. 찾지 않으면 네 한 인생은 그렇게 간다. 네게 물어보라. "그래도 좋으냐?"
>
> 2016년 1월 29일 금요일

'일'을 물었다. 무엇을 하고 싶은지 내 자신에게 묻고 싶었다. '일'을 찾았다. 무엇을 잘 할 수 있는지 내 자신에게 물어야 했다. 시간이 걸리더라도 반드시 찾아야만 했다. 다른 사람을 의식하지 않았다. 남과 견주려 하지 않았다. 철저히 나 자신에게만 물었고 다른 누구도 아닌 나를 통해 답이 나와야만 했다.

나만의 방식으로 글을 썼다. 눈앞에 보이는 단어란 단어는 모두 입력해 보았다. 하나하나 또박또박 써 보았다. 더러 헤아리기도 전에 달아나는 단어도 있었고 아예 다가오지 않는 단어도 있었다. 두 번 세 번 쉽사리 떠나지 않는 단어들도 있었다. 그러다 자꾸 불러주기를 바라며 주변을 맴도는 단어들을 만났다. 허술하게 시작했을지 몰라도 결과는 놀라웠다. 무엇보다 '머리'로 묻고 '가슴'으로 확인했다는 사실만큼은 분명하다.

책, 글, 스피치, 강연, 작가. 이런 단어들이 내 가슴을 두방망이질했다. 잠시도 쉬지 않고 심장의 맥박이 끓었다. 들숨 날숨이 연신 가빠졌다. 이 단어들이 왜 그토록 나를 뒤흔들어 놓는가. 지금 이 순간에. 영화, 음악, 콘서트, 조명, TV. 이런 단어들도 나를 그냥 내버려 두지는 않았다. 이 단어들은 왜 이토록 나를 따라오려 하는가. 이 단어들이 서로 무슨 연관성을 지니고 있을까. 많은 날들 중에 하필 '오늘'에서야.

불렀기 때문에 '대답'했으리라. 부르지 않았는데 그 단어들이 먼저 반응하지는 않았겠지. 관심 두지 않았든 찾지 않았든 불러주었으니 이제 화답했다. 머리에서 한 번, 가슴에서 한 번 두고두고 내 언저리를 서성거렸다. 글을 쓴 지는 오래되었다. 그렇다면 이 단어들은 언제부터 나를 기다리고 있었던 걸까. 아니면 내가 그들을 부르는 방식이 잘못되어 여태 반응하지 않았던가.

그럴 수도 있다. 동물도 어느 주인이 불러주느냐에 따라 움직일 수도 먼 산 바라볼 수도 있다. 동물은 처음 눈뜰 때 제일 먼저 마주친 사람을 평생 주인으로 알고 산다. 오늘 이 단어들을 만나고 보니 새삼 내가 단어들에 너무 무심했다는 생각이 든다. 왜 여태 알아봐 주지 않았을까. 왜 여태 모른 척 내버려 두었을까.

"미안해. 미안해. 너희들을 몰라 봐서."

"고마워. 고마워. 이제라도 알아 줘서."

평생 머리가 시키는 일만 했으니 이제는 가슴이 시키는 일을 해야겠다. 심장이 저렇게 뛰는데. 그에게도 한 번쯤 '기회'가 주어져야지. 할 일을 찾았고 갈 길을 보았다. 쉬운 길만 찾아 여태 살아오지 않았으니 가야 할 길도 다양한 굽잇길 등성이가 나오겠지. 꽃길이든 비탈길이든. 가장 힘들 때 글쓰기가 내게 '살길'을 열어주었으니 그것만 해도 감개무량하다. 이 길을 걸으려 나는 그동안 살아왔는지 모른다. 그 길의 끝자락에 이르면 나는 또 어떤 사람인지 알게 되겠지. 군말 하지 않고 오늘 내게 주어진 이 길을 걸을 테다. 언제라도 글쓰기와 함께.

07 / 글쓰기는 나를 찾아가는 과정

"최 대리, 요새 연애하나 봐!"
"어 이사님, 어떻게 아셨어요?"

2년여 만에 연락이 닿아 최 대리를 만났다. 그동안 어떻게 지냈는지 서로 궁금했다. 보자마자 최 대리 얼굴이 바로 눈에 들어왔다. 무척 화사해 보였다. 그냥 밝은 정도가 아니라 예전에 못 보던 기쁨과 행복이 묻어 있는 표정이었다. 좋은 일보다 더 좋은 일이 있을 듯한 여유였다. 한참 그간 이야기를 나누다 최 대리가 수줍게 말했다.

"저 시집가요. 축하해 주세요!"

환하게 웃는 이유가 있었다. 당연히 축하할 일이었다. 그나저나 내가 점쟁이도 아닌데 어떻게 오랜만에 만난 최 대리가 연애 중임을 첫눈에 읽어낼 수 있었을까. 답은 간단하다. 뭐라 말하지 않아도 사랑에 빠진 사람은 누구라도 대번에 알아볼 수 있다. 그것은 사랑의 향기가 그 사람의 온몸에 묻어나기 때문이다. 장미꽃을 만진 손에는 장미 향이 남아 있고 향나무를 찍은 도끼에는 향이 베어나듯이. 생각과 기억은 별로 멀리 달아나지 않는다. 바로 내 몸에 내 표정에 고스란히 번져난다.

그렇게 살면 어떨까. 사랑하고 싶으면 연애에 빠지면 되고 고통에서 벗어나고 싶으면 행복을 꿈꾸면 되고 행복을 찾고 싶으면 행복해질 만한 일을 하면 된다. 크게 돈 들지 않는 간단한 일이다. 말은 쉬운데 이 말의 깊은 뜻을 몸이 알아차리는 데는 생각보다 오랜 시간이 걸려야 했다. 사소하게 생긴 시답잖은 일 덕분에 '나'라는 사람을 바로 보게 만들었다.

"애들과 같이 갈래요?"
"그러면 나야 고맙지!"

하릴없이 집에만 죽치고 지내는 내가 아내 눈에 보기에는 마뜩잖았나 보다. 직장 잃고 집에만 있지 말고 무조건 나가잔다. 움직이면 움직일 일이 생긴다고. 이유 불문 나야 그냥 따라나서면 될 일이다. 그렇게 해서 간 곳은 인천 수도국산 달동네박물관. 모처럼 나서는 가족여행이었지만 관람이든 구경이든 내게는 모든 게 심드렁할 뿐이었다.

별 생각 없이 박물관에 들어섰다. 처음 입구에서부터 너무나 익숙한 모습들을 마주치는데 순간 '지금의 나'를 잊어버렸다. '얼마 전까지만 해도 나도 저런 집에서 살고 있었는데.'라는 생각이 먼저 들었다. 부엌에 쪼그려 일하던 어머니 생각, 재래식 화장실과 교복하며 마루에 걸린 태엽 벽시계. 돌아보는 내내 영문도 모르게 눈물이 났다. 신세타령할 일도 없는데 갑자기 내 모습처럼 느껴지기도 했다. 돌아오는 버스 안에서도 눈물이 흘렀다. 지금 옛날 그 모습들은 다 어디로 갔는가.

집에 돌아와서도 왜 그런 반응을 보였는지 이유가 풀리지 않았다. 며칠 곰곰이 생각하다 이런 결론에 이르렀다. 지금이 그때보다 행복하다고 느꼈던 건 아닐까. 그 시절의 아득함보다는 그 시절의 고단함이 마음에 걸렸던 건 아닌가. 박물관에서 흘린 눈물은 기억의 아련함에서 울었고 뒤돌아서서 흘린 눈물은 지금 느끼는 행복이 더욱 고마워서였는지 모른다. 불편한 과거가 있었기에 현재가 편안하게 느껴지고 괴로웠던 과거가 있었기에 지금 삶이 행복하게 느껴지는 건지도 모른다.

그렇다면 미래에서 보면 지금 이 순간을 행복하다 여길 게 아닌가. 직장 하나 잃었다고 인생 다 산 게 아니잖은가. 내가 여기 있는데 가진 거 조금 잃었다고 모든 게 사라지는 것은 아니잖은가. 나는 아직 건재한데 새로 길을 만들면 된다. 잃은 만큼 더 노력하면 된다. 한숨 쉬지 말고 행복하게 만들 일을 구하자. 넋 잃고 멍하니 있지 말고 행복할 '거리'를 만들자. 내게 맞는 일, 내가 할 수 있는 행동이 무엇인지 알아내서 따라 하면 되지 않겠는가.

사람들에게는 누구나 자신만의 안식처 또는 위안이 되는 행위가 있다. 시끄러운 도시의 소음을 피해 떠나는 여행, 명상, 템플스테이 등이 바로 그런 행위의 일환이다. 건강과 행복을 위해 또는 치유와 회복을 위해 스스로 만드는 시간과 장소. 그 모든 동작이 자신을 찾아가는 노력이다. 잠시 잃어버린 자신을 데려오는 행동, 자신을 찾으려는 모든 노력이 결국 치유로 가는 과정이다. 잠시 놓치고 살았던 자신을 추스르는 동작이다. 살고자 하는 강한 생존 본능이 자신도 모르게 우리를 그곳으로 유인한다.

투우의 나라 스페인. 투우사와 성난 황소가 벌이는 투우장 한쪽에는 사람들 눈에 보이지 않는 특별한 공간이 있다고 한다. 이곳에서 황소는 투우사와 싸움을 하다 지쳤을 때 투우사로부터 잠시 피해 자신만의 공간으로 이동한다. 그곳에서 힘을 모아 기운을 차린 다음 계속 싸움을 이어간다. 황소만 아는 그 구역을 스페인어로 퀘렌시아(Querencia)라 부른다.

투우장의 퀘렌시아는 원래부터 정해져 있는 곳이 아니다. 투우가 진행되는 동안 황소는 어느 장소가 가장 안전한지 찾은 다음 숨을 고를 수 있는 자리인지 먼저 살핀다. 그런 그곳을 자신만의 퀘렌시아로 삼는다. 반대로 투우사는 황소가 정한 그 휴식처가 어디인지 알아내야만 한다. 그래야 다시 황소가 기운을 차리고 전의를 가다듬지 못하게 할 수 있다.

2중 겹겹이 쌓여 있는 책꽂이. 빛이 들어오는 창문 일부만 남겨놓고 바닥에서 천장까지 빼곡히 쌓인 책 탑. 발이 지나다녀야만 하는 통로

외에 거실과 방방이 책으로 둘러싸인 곳. 이런 집에 살면서 나는 심신의 위안을 얻고 치유 받는다. 지금까지 글쓰기를 해 왔지만 그것을 대수롭잖게만 여겼다. 본격적으로 글쓰기 인생으로 살아가겠다고 마음먹고 나니 더 큰 일이 하고 싶어졌다.

작가와 독자가 만나는 문화 공간 '북카페'를 설립하자. 먼저 집에 있는 개인 소장 책들을 옮겨 비치한다. 절판된 책을 비롯해 선집, 문집, 희귀본 등 내가 소유한 책들을 내놓을 생각이다. 북카페에 가야만 읽을 수 있는 책이 있다면 많은 사람들의 발길을 돌릴 수 있지 않을까. 처음에는 사람이 책을 찾지만 나중에는 책이 사람을 부를 날이 오리라.

다음으로 많은 작가들을 오가게 하자. 온·오프라인 서점에서만 보던 작가들을 북카페에 가면 언제라도 만날 수 있게 가꾼다. 작가 강연을 하고 작가와 대화를 하고 작가와 만남이 어렵지 않도록 만든다. 독자들에게 살아 있는 작가의 목소리를 듣게 함으로써 책 읽는 문화를 자연스럽게 뿌리내리도록 힘쓴다.

그런 독자들을 창작 교실로 유도하자. 강연과 실습을 통해 글을 쓰고 싶은 사람들에게 가르침을 줄 수 있다. 글쓰기를 배우면서 훨씬 많은 독자들이 창작의 기쁨을 누릴 수 있게 한다. 글을 쓰고 싶은 인간의 욕망을 해소할 수 있도록 도움의 공간을 꾸민다.

2016년 12월 3일 토요일

낯선 지역, 낯선 길을 가더라도 이정표 하나 제대로 만나면 그렇게 반가울 수가 없다. 산을 오르다 보면 표지판 하나가 그토록 고맙게 느껴지는 이유는 목표 지점을 향해 제대로 가고 있는지 수시로 확인받을 수 있기 때문이다. 반복과 연습 한 번 없이 앞으로만 나아가는 인생길이라면 어디서 바른 길인지 물을 것인가. 글을 쓰고 또 쓰다 보니 내가 앞으로 해야 할 일들이 보였다.

우리는 모두 투우사가 모르는 자신만의 퀘렌시아가 필요하다. 일상을 벗어나 여행을 떠나듯 글쓰기를 하는 동안 우리는 자신을 찾아 여행을 떠난다. 이것이야말로 자신만의 휴식처이자 심신의 회복처인 퀘렌시아가 될 수 있다.

그렇게 글쓰기 여행을 떠나 보면 '개와 늑대의 시간'을 만날 수도 있다. 인디언들은 해가 뉘엿뉘엿 질 무렵 저녁과 밤의 어스름한 경계를 개인지 늑대인지 분간할 수 없는 때라 하여 개와 늑대의 시간이라 부른다. 저 멀리서 황혼을 등지고 나를 향해 다가오는 뭔가가 내가 키우는 개인지 나를 해칠 수 있는 늑대인지 분간할 수 없는 때라는 의미다. 나와 내면의 또 다른 구분이 사라진 그 지점에서 어느덧 나는 내 안의 '나'와 하나 되어 만나게 되리라.

08 / 글쓰기로 정년퇴직이 없는 삶을 살아라

'인생 후반전', '인생 2라운드'도 모자라 '인생 2모작'이라는 용어도 사라질 판이다. 대신 '후기 청년', '인생 다모작'이라는 용어가 심심찮게 등장한다. 중년이라는 말은 이제 통용되지 않는다. 어떻게 받아들이든 아무 상관 없이 40~50대가 지난 사람을 더 이상 나이 기준으로 중년이라 부르지 않는다.

우리는 인생 초반기 20년 가까운 시간 동안 소위 제도권 교육을 너 나없이 받아 왔다. 그 교육을 바탕으로 직업을 가졌고 인생 중반까지 영위했다. 이런 행태가 이제는 더 이상 통하지 않는다. 앞으로 교육은 필요에 따라 '그때그때' 받는 걸로 바뀌고 있다. 늦어도 40대 전후로 다시 한번 '큰 교육'을 받아야 나머지 인생을 책임지고 나아갈 수 있다.

"100점 받고 꿈을 못 이루는 사람과 100점은 못 받더라도 꿈을 이루는 사람. 너희들은 어떤 사람이 되고 싶니?"
"꿈을 이루는 사람!"

한번은 두 아이들에게 물었다. 아이들은 조금도 머뭇거림 없이 "꿈을 이룰래요."라고 대답했다. 이 질문을 젊은 날 내게 물었더라면 나는 조금도 머뭇거림 없이 '100점 받는 사람'이라고 대답했을 것이다. 살아오는 동안 꿈을 의식하지 않은 건 아니지만 공부만을 위해 꿈은 등한시하며 살아왔다. 적어도 직장 생활이 끝나기 전까지 계속 그랬다. '나는 꿈이 있다!' 속으로는 하루에도 몇 번씩 외치지만 살 만하니 꿈과는 적절히 거리를 두면서 지냈다. 크게 답답하지 않았으니 크게 껴안지 않았다.

적어도 '내가 꿈을 이루지 않으면 나는 누군가의 꿈을 이루도록 살아간다'라는 말을 알기 전까진 그랬다. 나 역시 누군가의 꿈을 이뤄주기 위해 야근도 특근도 당연시하고 살았다. 한 고비 넘기면 다음 과제가 떨어지고 한 계단 승진하면 더 큰 임무가 주어졌다. 자리에 맞는 역할을 하기 위해 지극히 당연한 걸로 알고 묵묵히 살았다. 흘러 왔으니 또 이대로 흘러가겠지. 무탈하게 살았으니 별일이야 있을까 생각했다.

움직이자. 남은 시간만이라도 빛나게 살자. 내 꿈을 위해 나서자. 늦었다 생각 말고 한발 앞서 내디디면 한발 먼저 다다르게 되지 않을까. 내 꿈을 이루는 데 대리, 부장, 이사 서열이 필요한가. 내 꿈의 완성을 보는 데 상사 눈치 사장 눈치 볼 필요가 있는가. 내 인생 내가 사는데 직장에서처럼 인생에서 곁눈질할 필요는 없다. 한 번 해 봤으면 그걸로 족하다. 당당한 내 인생의 주인공으로 살아가자.

누구나 영화감독이 되고 주연배우가 될 수는 없다. 하지만 누구나 자기 인생에 대해서만큼은 연출자로 또 주인공으로 살아갈 수 있다. 꿈을 꾸고 그 꿈을 포기하지 않는다면 당연히 가능하다. 멋있게 태어나서 왜 멋없이 살아가기를 자초하는가. 스스로 악업의 고리를 끊지 못하면 평생 그 고리에 묶여 살아갈 판인데.

미국에서 주가가 높은 기업치고 짐 콜린스(Jim Collins)로부터 컨설팅을 받지 않은 기업은 드물다 할 정도로 그는 유명하다. 그런 그가 『좋은 기업을 넘어 위대한 기업으로』 책을 쓸 때 일이다. 밀려드는 컨설팅 업무에 치여 잠시 글쓰기를 미루는 게 낫지 않겠느냐고 은사인 피터 드러커(Peter Drucker)에게 물었다. 그러자 피터 드러커는 단호하게 글쓰기를 최우선으로 책을 먼저 쓰라고 충고했다. 결국 이 책은 초대형 베스트셀러가 되었고 짐 콜린스는 '좋은 컨설턴트'에서 '위대한 컨설턴트'로 돈과 명예를 한 손에 쥐게 되었다.

'인생 어느 한때는 급한 일보다 진정 중요한 일을 최우선으로 매진해야 한다.'

일을 선택하는 방식에는 두 가지가 있다. 좋아하는 일을 하거나 지금 하는 일을 좋아하거나. 좋아하는 일을 하지는 않았지만 하는 일을 좋아하려 나는 애썼다. 그러니 이제는 내가 좋아하는 일도 한 번 해봐야겠다고 결심했다. 인생은 반응이다. 내 인생에 대한 반응 형식으로 선택과 결정은 내가 내려야 한다. 남은 내 인생을 견고하게 떠받쳐줄 일을 치열하게 고민했고 신중하게 선택하였다.

살아온 날들과 직장생활을 통해 가장 잘 할 수 있는 일. 그 일을 한다면 야근마저 즐겁고 주말 반납까지 기껍게 행복할 수 있는 일. 바로 글쓰기다. 지금은 글쓰기를 해야 할 때다. 아픈 인생을 겪었다면 더욱 글쓰기를 해야 한다. 힘든 직장인이라면 더욱 글쓰기에 매달려야 한다.

전반 인생은 나도 모르는 사이 지나갔다. 유일하게 남은 후반 인생마저 그렇게 보내고 싶지는 않다. 내 인생의 생사여탈권은 내가 쥐고 있어야 한다. 내 고유하고 신성한 권리를 기약 없이 언제까지 남에게 저당 잡히고 살아야 하는가. 오로지 노예로 사는 자만이 주인에게 몸을 맡기고 산다. 한 번쯤 그렇게 살았으면 빼앗긴 내 인생의 권리를 되찾고 마음껏 권한을 부리며 살아야 하지 않겠는가.

　석·박사, 사장, 변호사, 회계사. 소위 '사'자 들어가는 사람들이 주변에 많다. 그들 중에 글쓰기를 하고 책을 낸 사람들이 있던가. '자리'에 있을 때라야 쓸 수 있는 힘을 무소불위의 힘이라 한다. 불행하게도 그 힘은 역할이 바뀌고 시간이 지나면 아무 쓸모가 없다. 진정한 힘은 자신을 가꾸고 자신의 꿈을 이루는 사람이 갖게 된다. 그것을 가능하게 하는 일이 바로 글쓰기다. 자신을 굳이 드러내지 않더라도 남이 이미 나를 알아본다. 작가, 강연가, 코치로 당당하게 자신만의 인생을 살아갈 수 있다.

생을 마감하는 96세까지 피터 드러커는 작가, 강연가, 코치로 살았다. 짐 콜린스, 브라이언 트레이시(Brian Tracy), 앤서니 라빈스(Anthony Robbins), 공병호, 김미경, 김창옥. 모두 다 아름다운 현역을 살고 있는 사람들이다. 은퇴 없는 현역으로 자신만의 세계를 구축하고 살아갈 수 있는 첫 번째 이유는 글쓰기를 했으며 개인 저서가 있다는 점이다.

글쓰기 인생에 정년퇴직은 없다. 생각하는 머리와 움직일 수 있는 손가락만 있다면 글쓰기는 누구나 가능하다. 내가 가진 기억과 상상력을 글자로 옮길 수 있다면 지금 당장이라도 글쓰기가 가능하다. 대부분 직업은 정년과 퇴직이 있다. 정해진 유효기간이 종료되면 전직 장관, 전직 교수가 되어 미련 없이 물러나야 한다. 한 치 빌붙을 여지가 없다. 다만 글을 쓰는 작가만큼은 유일하게 예외다. '작가'라는 명칭 앞에 누구도 '전직'이라는 전치사를 달지 않는다. 한 번 작가는 영원한 작가다.

가장 강력한 목소리로 내가 내게 주문을 건다.

"독자에서 작가로 탈바꿈하라. 변화에 대한 상식을 거부하라. 내 인생의 주인은 나다. 주인은 당당해야 한다. 당당한 내 인생 어찌할 건가."

무엇이든 처음은 작은 변화에서 시작한다. 글쓰기를 결심한 지금이 내 인생을 변화시킬 최적기다. 글쓰기는 평생 직업이자 평생 현역으로 살 수 있는 최선책이다. 글쓰기로 마음먹었으면 함부로 바꾸지 말라. 100년 살 집은 100년에 맞게 설계되었고 천 년 고찰은 천 년 살도록 사전에 밑그림이 그려졌다. 먼 길 가려는 사람이 엷은 비바람에 흔들려서는 안 된다. 글쓰기에 자신의 전부를 걸고 모처럼 찾아온 기회를 호기로 만들자. 상처 난 나무를 밑에 받치고 자라나는 나무는 그 성장 속도가 다른 나무들보다 '빠르다'는 걸 기억하라.